Hasard et volonté

Hasard et volonté

Des vies en France, en Bigorre et aux Amériques du XVIIème au XXème siècle

Monographie

Edition 2

Henri CESTIA

En application de l'art. L.137-2.-I. du code de la propriété intellectuelle, toute reproduction et/ou divulgation de parties de l'œuvre dépassant le volume prévu par la loi est expressément interdite.

© Henri CESTIA, 2024
Dessin couverture : Thomas CESTIA
Photos : Album familial de l'auteur

Édition : BoD · Books on Demand GmbH, In de Tarpen 42, 22848 Norderstedt (Allemagne)
Impression : Libri Plureos GmbH, Friedensallee 273, 22763 Hamburg (Allemagne)

ISBN : 978-2-3225-1644-5
Dépôt légal : Décembre 2024

Je remercie :
- Mes parents qui ont initié les recherches généalogiques de la branche Cestia de notre famille,
- Mon épouse qui depuis plus de 15 ans apporte à mes travaux son avis et ses remarques,
- Lionel Dupont qui m'a transmis l'histoire de ma famille en Uruguay,
- Mes cousines Luciani qui m'ont ouvert leur boite à chaussures pleine de souvenirs,
- Raymonde Aubian, et lui rends hommage. Bénévole infatigable aux archives départementales de Tarbes elle m'a toujours avec gentillesse, fait parvenir les relevés d'actes demandés,
- Les nombreux généalogistes rencontrés sur la toile : Jean Paul Abadie, Georges Ano, Simone Arrizabalaga, Christian Auguin, Jean Borderes, Sandrine Braun, Laetizia Castellani, Michèle Cazaux, Thierry Cenac, Burton Cestia, Christine Cestia, Michel Cestia, Martine Dagnino, Dominique Delluc, Paulette Faivre, Pierre Frustier, Bernard Herrou, Jean Yves Herve, Roland Larre, Jeannette Legendre, Ana Malbos, Myriam Managau, Alain Medina, Jean Marc Nougues, Jean-François Quarre, Nadine Sahoune, Christine Saintupery, Michel Sauvee, Roberte Thomaset, avec qui depuis 1999 nous avons partagé nos généalogies.

Ma passion pour la généalogie n'est pas motivée par l'établissement compulsif de listes d'ancêtres, mais s'exprime dans une démarche de micro-histoire [1], une manière de rencontrer l'Histoire à travers des histoires de vies de gens ordinaires aux destins parfois passionnants qui ont tous fait l'Histoire.

Le nom patronymique Cestia est rare ; peu de gens portent aujourd'hui ce nom de famille, ce qui attisa ma curiosité pour en connaitre l'origine, d'autant que certaines hypothèses proposées par les linguistes ne sont guère valorisantes, ...simple d'esprit, crétin [2].

Satisfaisant cette double curiosité, l'une concernant la micro-histoire, l'autre concernant le nom de famille Cestia, j'essaie ainsi, tout simplement, en suivant le fil rouge de la transmission d'un patronyme, de raconter des histoires, de raconter l'histoire de vies, de familles et de terroirs, de redonner vie à des personnes que l'Histoire n'a pas retenues... et peut-être, en définitive, de mieux comprendre l'Histoire.

Je ne souhaite pas avec ce livre me draper de la gloire passée de quelques uns de mes ancêtres, mais pas plus supporter les fautes de quelques autres. Mon seul guide est de témoigner de leurs vies.

Les recherches généalogiques s'apparentent parfois à une enquête policière. A partir d'un événement trouvé, parfois par hasard, par exemple présence d'une personne sur une liste d'embarquement, on cherche d'autres éléments en lien avec l'information trouvée. Il faut pour cela explorer différentes archives disponibles pour trouver des données complémentaires et ainsi découvrir les événements de la vie de la personne. Mais la réussite n'est pas assurée à 100%. Ainsi mes recherches sur 604 personnes répertoriées entre le XVIIème et le XXème siècle n'ont pu aboutir d'une manière satisfaisante pour 73 personnes, soit 12%.

Ce livre n'est pas un roman. Il relate des faits avérés. Toutefois quelques filiations notamment au XVIIème siècle ne sont que très probables. Les informations fournies sans les *« preuves »* par des généalogistes amis ont été vérifiées.

---

1 Influencée par Edward Palmer Thompson, la micro-histoire propose aux historiens de délaisser l'étude des masses ou des classes pour s'intéresser aux individus. En suivant le fil du destin particulier d'un individu, on éclaire les caractéristiques du monde qui l'entoure. Les micro-historiens italiens prônent une réduction d'échelle, afin d'examiner les phénomènes à la loupe (Wikipedia).

2 Le dictionnaire des noms de famille Dauzat établit un lien entre Cestia et le terme crestian qui signifie "chrétien" en occitan. Au féminin, crestiana. Toutes ses formes ont pour sens général bénis de Dieu, simples d'esprit. Les linguistes nous apprennent aussi que le mot chrétien a donné le mot crétin...

La première édition, le brouillon de celle-ci, a raconté l'histoire des Cestia à l'envers, c'est-à-dire à la manière dont les généalogistes font leurs recherches, c'est-à-dire en commençant par leurs parents, puis leurs grands-parents et ainsi de suite en remontant le temps. Ce choix délibéré de ma part m'a été reproché. Effectivement il nuisait à la clarté du récit. La deuxième critique était l'absence d'index des personnes cités, index si cher aux généalogistes !

Dans la présente édition j'ai remis l'histoire à l'endroit, je veux dire que le récit est chronologique. On trouvera à la fin de l'ouvrage un index des noms cités. Les généalogistes trouveront sur mon site Web pour toutes les personnes citées dans l'index toutes les sources généalogiques, actes divers, preuves de filiation et autres informations.

Enfin pour agrémenter la consultation du livre j'ai puisé dans les albums de photos de la famille.

http://www.genea-cestia.fr/

Sommaire

1. Origine et histoire du patronyme Cestia 11
2. De 1600 à 1700 21
3. De 1700 à 1750 25
4. Lescurry de 1639 à 1891 32
5. De 1750 à 1800 travailler pour survivre 39
6. L'esclavage en France au XIXème siècle 53
7. Migrer pour fuir la misère 62
8. De 1800 à 1850, sortir de la misère 66
9. Conscription en France de 1789 à 1998 86
10. de 1850 à 1900 88
11. Les Cestia en France au XXème siècle 102
12. de 1900 à 1946 Felix Cestia 104
13. 1914-1918 Emile et Jules Cestia 111
14. 1914-1918 Juan-Carlos Dupont 124
15. Les Cestia en France de 1900 à 1946 146
16. Les Cestia aux Etats-Unis d'Amérique de 1900 à 1946 149
17. Conclusion 151
18. Index alphabétique des individus cités 152

1. Origine et histoire du patronyme Cestia

La recherche de l'origine d'un patronyme est un sujet complexe. La généalogie permet de connaître la forme ancienne du patronyme. Les linguistes apportent des interprétations que je vous propose de confronter aux apports de la généalogie des Cestia et à l'étude toponymique.

Selon les linguistes

Le Dictionnaire étymologique des noms de famille gascons de Michel Grosclaude 2003, indique pour le nom de famille Cestia : « Patronyme rare. En Pyrénées-Atlantiques : 5 foyers à Oloron, Nay, Moumour et Pau. Obscur : Peut-être du nom d'homme latin Sextianus ? Ou contraction de Sebastian ? – Sestia. Orthographe restituée : Sestian Sestiaa. »

Le linguiste Albert Dauzat [3] propose une autre hypothèse. Selon lui ce patronyme aurait son origine dans les populations de cagots présentes dans le Sud-ouest de la France au Moyen Âge. On appelait cagots des personnes appartenant à certains groupes sociaux défavorisés groupés en isolats dans les hautes vallées d'accès difficile des Pyrénées centrales et occidentales. Les cagots étaient victimes de diverses discriminations, à l'église notamment un bénitier leur était réservé. Ainsi, selon lui, les noms de Chrétien et Chrestien attribués à ces populations, donnent Chrestia et en Bearnais Crestiaa.

Le terme Crestian signifie *« Chrétien »* en occitan. Au féminin, Crestiana. Toutes ces formes ont pour sens général bénis de Dieu, simples d'esprit. Dans le Valais, Chrétien a donné le patronyme Crétin, patronyme de nos jours encore très répandu, notamment en France dans les départements du Jura et du Doubs, mais a donné aussi le mot de la langue française crétin.

Selon la généalogie

La généalogie nous apprend que tous les porteurs actuels du patronyme Cestia ont pour ancêtre Guilhem Sestian , Arnauld Sestian , Bernard Sestian , Guilhaume Sestian ou Pierre Jean Sestian -, propriétaires de terres et maisons à Lescurry. Ainsi, Sestian est la forme ancienne du patronyme actuel Cestia. Ces cinq Sestian dont on peut supposer qu'ils appartiennent à une même famille, sont, vers 1600, des propriétaires bien implantés dans le village de Lescurry. Ils possèdent à eux cinq 10% du foncier et de l'immobilier du village. Il semble donc probable qu'ils soient présents dans ce village de Lescurry depuis au moins quelques générations.

---

3 Albert Dauzat, « Dictionnaire étymologique des noms de famille et prénoms de France », 1973, Larousse.

L'hypothèse avancée par le linguiste Albert Dauzat mentionnée ci-dessus ne résiste pas à l'analyse des faits, car il y a entre les montagnes et Lescurry, où apparait le patronyme avant 1600, beaucoup d'autres villages ou des Sestian auraient pu faire souche ce qui n'est pas le cas. En effet, de nombreux relevés systématiques des registres paroissiaux sont disponibles pour les XVIIème et XVIIIème siècle. Sur une base de données [4] de 35 000 actes concernant 300 communes du département des Hautes-Pyrénées [5] on ne trouve pas de Sestian ou autres variantes ailleurs que dans les villages proches de Lescurry. La piste des montagnes pyrénéennes étant écartée, les linguistes nous orientent vers un nom latin, ce qui rejoint l'approche toponymique.

En effet la proximité de Lescurry avec les terres de Sestias conduit à envisager l'hypothèse que nos lointains aïeux de Lescurry soient originaires du hameau de Cestias. La migration d'un ou plusieurs habitants du hameau de Cestias vers Lescurry pourrait être intervenue au XVème ou au début du XVIème siècle.

Ces migrants venus de Cestias sont alors désignés par un nom patronymique qui désigne leur village d'origine, Sestias, Sestianum dans la forme qui désigne l'origine. Ce qui donne en Gascon Sestian. En effet en latin la dernière syllabe ne porte jamais l'accent tonique donc disparait quand on passe du latin à l'occitan. Aussi, des mots qui se terminent en latin par -anum, se terminent en occitan par -an. [6]. Ainsi naquit vraisemblablement le nom de famille Sestian dont la forme actuelle est Cestia ou Cestiaa.

Les ancêtres lointains des Cestia ne se sont pas toujours appelés Cestia. En effet, c'est l'apparition du livret de famille vers 1877 qui a permis en France de transmettre sans altération les noms de famille d'une génération à l'autre. Jusque là l'état civil paroissial ou républicain est établi sur la base des déclarations verbales qui entrainent donc des variations, parfois importantes sur la manière d'écrire les noms de famille notamment dans les périodes où peu de gens savaient écrire leur nom.

Le graphique ci-après représente le recensement (nombre de porteur du nom en ordonné) des différentes formes du nom patronymique Cestia, recensement établi sur la base des fiches constituées lors de mes recherches. On observe le remplacement

---

4 http://jme.webhop.net/relhp65/index.php

5 Statistiquement les 300 communes observées sont un échantillon représentatif des 343 communes du département. Les statisticiens s'accordent à dire qu'un échantillon de taille 300 qui représente 88% de la population étudiée, est représentatif de la population étudiée avec une marge d'erreur proche de 2%.

6 Note de bas de page de Michel Grosclaude – Toponymie sur le site des archives départementales des Hautes-Pyrénées.

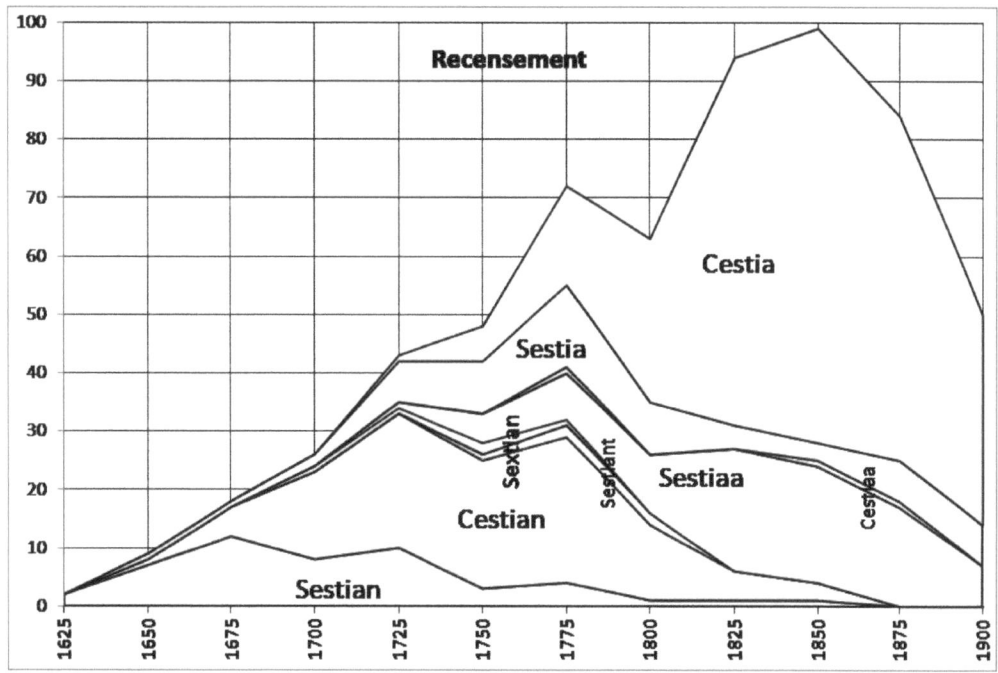

de la lettre initiale S par la lettre C, sauf dans la forme régionale Sestiaa à Nay puis la disparition progressive de la terminaison en « *an* ».

Sans que ce soit une certitude, ces chiffres nous disent que ces patronymes rejoindront, tôt ou tard, la longue liste des noms patronymiques disparus notamment en France.

Selon la toponymie

Le hameau de Cestias est distant de Lescurry par un parcours pédestre d'environ 19 kilomètres, ce qui représente environ 4h30mn de marche.

L'histoire gallo-romaine et du Moyen Âge de ce hameau nous apportent des informations intéressantes. A propos de Sestias, Charles Brun signale la présence, au début du siècle [7], d'« un château au point culminant du lieu, à 50 mètres au couchant de la métairie. La route de Miélan passe juste au milieu de l'emplacement du château. On voit encore quelques traces des fossés qui permettent de voir que le château formait un quadrilatère de 30 à 40 mètres de côté environ ».

---

7 Cité par Stéphane Abadie, Brun, ibidem, pp.XXX-XXXII et 46. Il ne reste rien semble-t-il de ce site.

Epoque gallo-romaine

Selon Stéphane Abadie [8], « Le quartier de Sestias, aujourd'hui Cestias, se trouve dans la partie ouest du territoire communal. Ce toponyme viendrait du nom de famille gallo-latin Sestianus (Sestius), identifié par certains auteurs avec l'emplacement d'une villa de Sulpice Sévère dans l'antiquité tardive, et où fut enterré Saint Justin [9]. Aucune trouvaille gallo-romaine n'est cependant venue confirmer cette hypothèse. »

Cestius est un nom de famille romain. Sextus est un prénom romain. A l'époque romaine, des Cestius sont cités par Cicéron dans son discours sur Flaceus et dans sa lettre à Atticus. Le troisième Cestius, également cité par Cicéron, est Caïus Cestius préteur (magistrat) en 44 avant J.C. De cette époque, il reste à Rome, à l'extrémité de là via Cestia, le mausolée du magistrat Caïus Cestius mort en 12 avant JC. Ce monument est une pyramide couverte de marbre. « Tombeau digne d'un pharaon »

Rome – Pyramide Cestia

selon l'expression du Guide Michelin de Rome (édition 1988). Après la mort de César, on retrouve un Lucius Cestius préteur dont le nom figure sur un Aureus. Sur cette monnaie, le buste évoque l'Afrique, et fait allusion au rôle que Lucius Cestius doit avoir joué dans cette contrée.

Au début de notre ère Cestius venant de Rome, arrive et s'installe dans le sud de la Gaule à proximité de Trie-sur-Baïse. Ce fait historique n'est pas prouvé. Cependant, c'est une hypothèse probable avancée par l'historien Stéphane Abadie dans sa monographie du canton de Baïse. Il faudrait fouiller les terrains du hameau de Cestias pour en savoir plus, et confirmer que c'est bien ce nom de famille romain qui a donné son nom au hameau actuel de Cestias. Jusqu'à preuve du contraire, nous reteindrons donc cette hypothèse.

Epoque médiévale

L'ancien château seigneurial de Sestias se trouve dans la partie sud du hameau actuel de Cestias, à 1 km au nord de Lapeyre et à 2,2 km de la bastide de Trie. C'est une forteresse de type plate-forme résultant d'un aménagement par « retaillement » du relief préexistant afin d'augmenter la superficie de la plate-forme sommitale.

---

8 Stéphane Abadie, « Maîtrise d'histoire. Monographie du canton de Trie-sur-Baïse ».

9 Jean Francez, BSR 1973, Sextiacum/ Sestias à Trie-sur-Baïse; Alcide Curie Seimbres, Recherches sur les lieux habités par Sulpice Sévère, 1875

Au Moyen Âge le territoire de Sestias est indépendant. On possède plusieurs mentions des seigneurs de Sestias dans le cartulaire de Berdoues [10] :

- On trouve mention d'un de Guillaume Sestias au début du XIIIème siècle. En 1202 apparait sur le Cartulaire de Berdoues (acte n° 324) la première mention de la Seigneurie de Sestias (famille Sestiano)
- En 1323, Condorine de Sestias épouse Géraud d'Esparros. On retrouve ces deux noms dans le paréage de Trie.
- En 1331, ils vendent la terre de Sestias à *« puissant Centulle, comte d'Astarac »* pour 1 220 livres tournois.
- En 1489, enfin, Jean d'Astarac donne en fief aux habitants de Trie, les territoires de Trie et de Maroncères.

La seigneurie de Sestias appartient au comté d'Astarac. Le comté d'Astarac est situé au nord-est du comté de Bigorre. Au Moyen Âge, les relations entre les différents comtés sont souvent conflictuelles. Les comtés de Bigorre et d'Astarac ne font pas exception.

Le 25 mars 1331, Centule IV achète à Condorine de Sestias et à son mari Géraud d'Esparos la terre de Sestias pour 1 220 livres tournois. Située dans l'actuel département des Hautes-Pyrénées, cette seigneurie se trouve au centre d'un ensemble de terres relevant du Comte d'Astarac par les hommages [11] successifs du 23 octobre 1374 et du 3 mai 1392. [12]

Condorine de Sestias est seigneur de Sestias, puis Comtesse de Sestias après son mariage en 1323. La vente des terres de Sestias en 1331 donne la seigneurie à Centule IV d'Astarrac qui gouverne le comté d'Astarac sous la tutelle de sa mère de Cécile Comminges . En 1489 Jean d'Astarrac est le seigneur de Sestias.

Au Moyen Âge, ce sont des seigneurs et des comtes qui dirigent la contrée. Les seigneurs de Sestias construisent sur le point le plus haut de leurs terres, un château de 30 mètres de large sur 40 mètres de long. Ils disposent ainsi, derrière les murs épais de leur château, d'un solide abri qui leur permet de faire la guerre à leurs voisins. Condorine de Sestias qui n'est que Seigneur de Sestias comme son père, lorsqu'elle épouse le jeune comte d'Astarac dont le comté est situé au nord de la Bigorre, devient, par son mariage, comtesse de Sestias.

---

10 J. Cazauran, *« Le cartulaire de Berdoues »*, acte 324, p.221 de 1202: Guillelmus Sestianum, sacerdos; idem, acte 562 p.386 de 1221: Willemus de Sistian, clericus.

11 Au Moyen Âge, l'hommage vassalique est la cérémonie au cours de laquelle un homme libre, le vassal, se place sous la protection d'un autre homme libre plus puissant, le suzerain.

12 Nicolas Guinaudeau, « Fortifications seigneuriales et résidences aristocratiques gasconnes entre le Xe et le XVIe siècle », Thèse Histoire médiévale 2012.

XVIème et XVIIème siècle

C'est au XVIème siècle que le nom de famille Sestian serait apparu dans le village de Lescurry. Sans doute parce que des habitants des terres de Sestias décident de s'installer un peu plus loin plus au sud. Sestias donne en Gascon Sestian.

Dans la première moitié du XVIIème siècle, Lescurry compte environ 40 maisons dont 5 sont des maisons appartenant à des Sestian. Les familles Sestian possèdent alors environ 10% des maisons et de terres du village. Certains ont bien réussi. Ils sont collecteurs d'impôt. Mais les autres sont paysans.

La vie de paysan est dure au XVIIème siècle. En 1694, une terrible famine touche durement le village. Pierre Jean Sestian décide alors de quitter son village natal et de s'installer à Nay dans le Béarn où les métiers du textile se développent beaucoup. Ainsi Pierre Jean d'une famille d'agriculteur de Lescurry devient bonnetier.

XVIIIème siècle

Au XVIIIème siècle les Sestian de Nay sont de plus en plus nombreux. Ils sont souvent ouvriers dans l'industrie textile de Nay naissante qui prend le relais de l'artisanat de la période précédente. Le nom de famille se transforme en Cestian, Sestia, Cestia ou Sestiaa.

Pendant ce temps, Lescurry connaît, en 1713 et 1747, deux terribles années. D'autres Sestian quittent alors le village de Lescurry pour rejoindre les Sestian de Nay, tandis que quelques autres s'installent à l'occasion d'un mariage dans les villages voisins de Beccas, Louit, Collongues ou Dours dans l'espoir de trouver une terre moins ingrate. Des villages où souvent ils retrouvent un membre de leur famille qui y est déjà installé. La possibilité de solidarité familiale, sans doute moyen de faire face à l'adversité du siècle, semble un élément déterminant pour le choix du village de destination.

Au XVIIIème siècle à Lescurry, comme partout en France chez les paysans, la vie continue d'être rude et ce malgré la légère embellie des conditions d'existence constatées à partir de 1725. La proportion d'une classe d'âge qui dépasse les 10 ans est seulement de 60%, et seulement 50% atteint l'âge de 25 ans. Famines, disettes, épidémies transforment la vie en un combat contre la mort. Il faut se nourrir pour survivre. Pour se nourrir il faut travailler dur, mais il faut aussi que les conditions climatiques soient favorables. Conditions parfois impossibles à réunir.

Pendant la seconde moitié du XVIIIème siècle, les Cestia de Lescurry sont de plus en plus nombreux à quitter leur village pour s'installer dans des villages situés au nord et au sud de Lescurry et à l'est d'une ligne Tarbes-Maubourguet.

Au XVIIIème siècle, la plus grande partie de la population ne sait ni lire, ni écrire, ni même signer son nom. Pourtant en 1768, Arnauld Cestian (1716-1788) est collecteur d'impôt. A la veille de la Révolution Jean Cestia est membre du corps municipal et à ce titre signataire du cahier de doléances du village de Lescurry qui demande moins d'impôt et plus de libertés « *qui sera toujours l'âme de tout commerce* » peut-on y lire.

Mais être un notable de son village ne présente pas que des avantages. En 1790, on décide de faire les comptes de la collecte d'impôt entre 1761 et 1789. Il en résulte que le fils de feu Guillaume Cestia doit rembourser 18 livres tournois, l'équivalent de 15 jours de salaires.

A Nay, la grande famille des Cestia s'est encore agrandie. Ils continuent à travailler dans l'industrie textile mais aussi dans celle du bois. Salariés des manufactures, ils vivent au jour le jour, d'un maigre salaire, libres juridiquement mais dépendants économiquement. Cette dépendance organisée par le royaume les maintient à Nay. Aucun autre choix n'est possible pour eux.

XIXème siècle

Le XIXème siècle est d'une extraordinaire vitalité. La *« révolution industrielle »* du XIXème siècle fait basculer une société à dominante agraire et artisanale vers une société commerciale et industrielle. Les porteurs du patronyme Cestia n'échappent pas à cette transformation de la société. Entre 1800 et 1875, c'est près de 30% d'entre eux qui abandonnent les métiers de la terre au profit des professions d'artisan, commerçant et employé. Les Cestia sont présents dans de nombreux villages des Hautes-Pyrénées et à Nay où ils sont ouvriers mais aussi artisans ou commerçants.

Ces changements de métiers sont souvent la conséquence d'une migration. On quitte son village pour trouver une meilleure vie ailleurs, dans les villes et villages de la Bigorre jusqu'au sud du Gers. Mais aussi pour les plus aventureux vers des destinations plus lointaines telles que l'Argentine, l'Uruguay, la Louisiane, et les îles de Guadeloupe et de Porto-Rico.

Les Amériques

Jean Alphe Cestia (1834-1860), originaire de Vic-en-Bigorre, migre très jeune en Louisiane où il rejoint un Cestia de Vic. Il s'installe à Abbeville et y fonde une famille qui est à l'origine de la présence actuelle en Louisiane du nom de famille Cestia.

D'autres Cestia, également originaires de Vic, migrent aussi vers la Louisiane pour y exercer le plus souvent des métiers de commerçants. Ainsi se forme au XIXème siècle en Louisiane une communauté de Cestia originaire de Vic-en-Bigorre bien implantée dans le commerce.

L'Argentine est aussi une destination qui attire les Cestia, de Vic, de Dours, Pujo et de Lacassagne.

Mon arrière-grand-père, Honoré Cestia, décide, lui, de partir en Uruguay où il devient commerçant. Vers 1900, devenu veuf, il rentre au pays avec ses trois enfants. L'ainé mon grand-père, Felix, est Uruguayen tandis que ses deux frères, Emile et Jules, ont la double nationalité. Un détail ? Non, la suite prouve que non.

L'Uruguay est dans la deuxième moitié du XIXème siècle une destination appréciée par beaucoup de Français qui trouvent dans ce pays un dynamisme économique favorable à une réussite rapide dans les affaires.

Le frère de mon arrière-grand-père, Auguste-Sylvain Cestia qui ne souhaitait pas passer 5 ans de sa vie comme militaire, et éventuellement faire la guerre, part lui, en Argentine. Comme lui, de nombreux Cestia sont ainsi déclarés insoumis par les autorités militaires. Auguste-Sylvain meurt à Buenos-Aires en 1897, il a 33 ans.

La Guadeloupe

Les îles de Guadeloupe et de Porto-Rico sont également une destination choisie par ceux qui aspirent enfin à une vie meilleure, pour ainsi, en quelque sorte, tourner la page du XVIIIème siècle fait de souffrances et de malheurs. La pratique de l'esclavage qui est légale en Guadeloupe jusqu'en 1848, ne les arrête pas. De 1800 à 1848, cette main-d'œuvre « servile » selon le terme employé dans les recensements de populations, est la seule disponible pour exploiter les habitations, nom donné aux complexes agro-industriels de production de sucre. Les droits de l'homme mettront longtemps à pénétrer la société du XIXème siècle, d'abord par l'interdiction de la traite de Noirs qui consiste à aller chercher des Noirs en Afrique, puis en 1848 par l'abolition qui est l'interdiction de leur utilisation comme esclave.

Bertrand Cestia (1805-1876), le fils du boucher de Vic, est le premier Cestia à migrer vers la Guadeloupe où il connait dans le négoce une réussite rapide. Son métier de négociant consiste à acheminer à Bordeaux le sucre produit, et à faire venir de Bordeaux vêtements, nourriture et outils agraires. Sur place, c'est aussi un homme d'affaires dont l'avis est sollicité. Trois ans avant son retour, en 1833, il achète le domaine de St Aunis situé sur les communes de Vic et de Pujo, et devient un peu plus tard un notable maire de sa commune et membre de la société académique des Hautes-Pyrénées.

Vers 1830 Pierre Cestia et Philippe Cestia de Louit migrent vers la Guadeloupe qui connait à cette époque une crise économique. La révolte des Noirs dans l'île voisine de Saint-Domingue a conduit à l'indépendance d'une partie de l'île, et à la création de l'état d'Haïti en 1804. En Guadeloupe, à la même époque, la répression sanglante du soulèvement des Noirs a découragé toute révolte. La baisse passagère de la production de sucre en Haïti, puis la reprise de la production, provoque en Guadeloupe une surproduction qui conjuguée à la pénurie d'esclave, conduit à de graves difficultés économiques.

C'est dans ce contexte économique difficile que Pierre Cestia et Philippe Cestia de Louit arrivent en Guadeloupe à Port Louis. Ils y retrouvent la famille Fabares de Louit, une famille alliée. Fabares Martial est le frère de Jeanne Fabares de Louit, la tante des frères Cestia. En Guadeloupe, Martial Fabares a épousé l'héritière de l'habitation

Dadon. C'est une grosse habitation. Pierre et Philippe Cestia n'arrivent donc pas sans un appui local.

Dés son arrivée, Pierre Cestia est en affaire avec Cestia Bertrand au sujet d'une habitation de 160 ha dans la commune de Sainte Rose. Mais cet accord scellé devant notaire ne tient que quelques mois. La rupture de l'accord permet à Pierre Cestia d'être indemnisé pour un montant de 5 406 francs, somme qui représente plus de 10% du prix d'achat initial de l'habitation.

Quant à Philippe, il est d'abord commerçant puis propriétaire, ce qui lui permet après son mariage de redresser la situation financière de son épouse Marie-Anne-Zeline Dumornay-Matignon née en Guadeloupe, fille d'un colon et veuve sans enfant.

En 1843, un tremblement de terre détruit presque totalement Pointe-à-Pitre situé à 30 km au sud de Port-Louis. Une épreuve qui vient s'ajouter aux difficultés déjà présentes dans l'île. C'est alors qu'un autre Philippe Cestia , mon aïeul, dit Bernard en famille, rejoint ses deux frères en Guadeloupe. Les trois frères sont rapidement gérant d'habitation. Philippe est aussi régisseur d'une très grosse habitation de 280 ha d'un propriétaire rentré en Gironde.

Au moment de l'abolition, en 1848, Philippe possède 23 esclaves pour lesquels il est indemnisé par l'état, ce qui lui permet de rembourser une dette contractée auprès de Despalanques de Vic, un ancien associé de Bertrand Cestia .

Avec l'abolition de l'esclavage se terminent les années de prospérité économique de la Guadeloupe. Beaucoup décident de rentrer mais les trois frères Cestia décident de rester.

En 1855, Philippe meurt à Port-Louis sans descendance, âgé de 46 ans. Il laisse une épouse veuve pour la deuxième fois. Philippe, dit Bernard, ne reste pas très longtemps sur l'île. Après le décès de son frère, il rentre au pays après avoir auparavant touché l'indemnité coloniale pour les quelques esclaves dans lesquels il a investi pour travailler sur l'habitation de son frère. En novembre 1856 à Louit, Philippe Cestia dit Bernard qui se dit maintenant rentier, épouse Magdelaine Dortignac qui a 19 ans. Il a lui, 41 ans... Elu maire de Louit en 1865, réélu en 1870, il le reste jusqu'à son décès en 1874.

En 1860, un Cestia de Vic, François, migre très jeune avant le recensement militaire des jeunes hommes de 20 ans, recensement auquel il ne se présente pas. Il est donc déclaré insoumis. Mais il peut, un peu plus tard, se faire exempter du service militaire à cause d'une infirmité. Il épouse en Guadeloupe, Marie Cécile Eugénie Aquart-Pieton fille d'Eugène Pieton, industriel dans le sucre. Eugène Pieton a eu, avant son mariage avec Modestine Aquart, une liaison avec une esclave qui lui a donné trois enfants qu'il reconnait en 1833. La mère et ses enfants ainsi que la grand-mère, bien évidemment aussi esclave, sont alors affranchis.

Porto-Rico

Dans l'île voisine de Porto-Rico il y a les cousins germains des frères Cestia de Louit. Ce sont Pierre Cestia et Catherine Cestia , les enfants de Martial Cestia et Jeanne Fabares . Pierre est médecin. Ils s'installent à Mayaguez à l'extrémité ouest de l'île. Peu de temps après son arrivée, Pierre rencontre, en Guadeloupe, sa cousine germaine à l'occasion d'une transaction financière portant sur une importante somme d'argent. A cette époque le financement de l'activité économique se faisait essentiellement par la famille ou des amis et non par des banques comme c'est le cas aujourd'hui. En 1843, Catherine Cestia épouse Ange Toussaint Giorgi originaire de Farinole en Corse. C'est là qu'elle se retirera après son passage à Porto-Rico.

Ainsi, les Cestia formaient dans les îles dans la première moitié du XIXème siècle un clan familial et d'affaires, condition indispensable à la réussite.

Le XXème siècle

Les guerres mondiales sont pour cette période deux épreuves terribles qui sont aussi l'occasion d'une solidarité mondiale pour défendre l'Europe contre les Allemands. Des Cestia de Louisiane participent à cet élan de solidarité et viendront défendre la France dans les deux conflits mondiaux. Ils se battent, lors du premier conflit, au côté de Jules Cestia et Emile Cestia qu'ils ne connaissent pas, sans savoir, sans doute, qu'ils défendent la terre de leurs ancêtres. C'est aussi le combat de Juan-Carlos Dupont qui est venu très jeune de Montevideo pour défendre la France *« sa seconde patrie »* selon ses propres termes. Il a juste 17 ans, les autorités militaires de Tarbes n'acceptent pas de l'enrôler. Il doit attendre que ses parents signent une autorisation, ce qu'ils finissent par faire. Il peut alors se battre. Il devient un homme dit-il. Il est décoré de la croix de guerre.

Deux des trois frères rentrés d'Uruguay avec leur père Honoré Cestia sont mobilisés. Jules Cestia reviendra de la guerre avec des décorations, Emile Cestia lui est mort pour la France. Il laisse une veuve et une fille. Felix Cestia qui lui est uruguayen n'est pas mobilisé. La France gagne la guerre mais le malheur répandu fait beaucoup de perdants.

Et puis 30 ans après, c'est à nouveau la guerre. Mon grand-père, Felix Cestia , devenu diplomate est chassé de France par les Allemands. Son épouse reste seule à Marseille. Son fils devenu volontairement Français, fait la guerre et en revient avec des médailles qui attestent de son courage. Son oncle André Cestia , fils d'Honoré et de sa seconde épouse Anna, est mobilisé. Il meurt pour la France à Vienne-le-Château le 11 juin 1940.

2. De 1600 à 1700

Avant 1650, le patronyme Cestia est présent uniquement à Lescurry. En fait il s'agit plutôt du patronyme Sestian qui est la forme la plus ancienne du nom de famille Cestia.

Jeanne Sestian

Jeanne Sestian est la dernière rencontre de mon voyage généalogique qui remonte le temps de 1946 à 1600. On aimerait en savoir plus, malheureusement c'est ici que tombe en panne de carburant notre machine à remonter le temps, je veux dire en panne de documents d'archives pour alimenter la machine. Mais ami lecteur c'est ici que commence pour vous, le récit des Cestia.

Jeanne Sestian dit Peyrou serait née en 1586, si l'on en croit son acte de décès du 9 décembre 1676 qui indique l'âge de 90 ans. Un âge très étonnant à une époque où très peu de personnes connaissent leur âge. J'en veux pour preuve la statistique ci-dessous que j'ai établie sur la base des âges déclarés lors des décès de Lescurry entre 1660 et 1800. On constate qu'à partir de 40 ans les décès interviennent principalement à 45, 50, 55 ans etc. Ces chiffres ronds démontrent que les gens ont une connaissance très approximative de leur âge. Donc Jeanne Sestian est vraisemblablement née vers la toute fin du XVIème siècle.

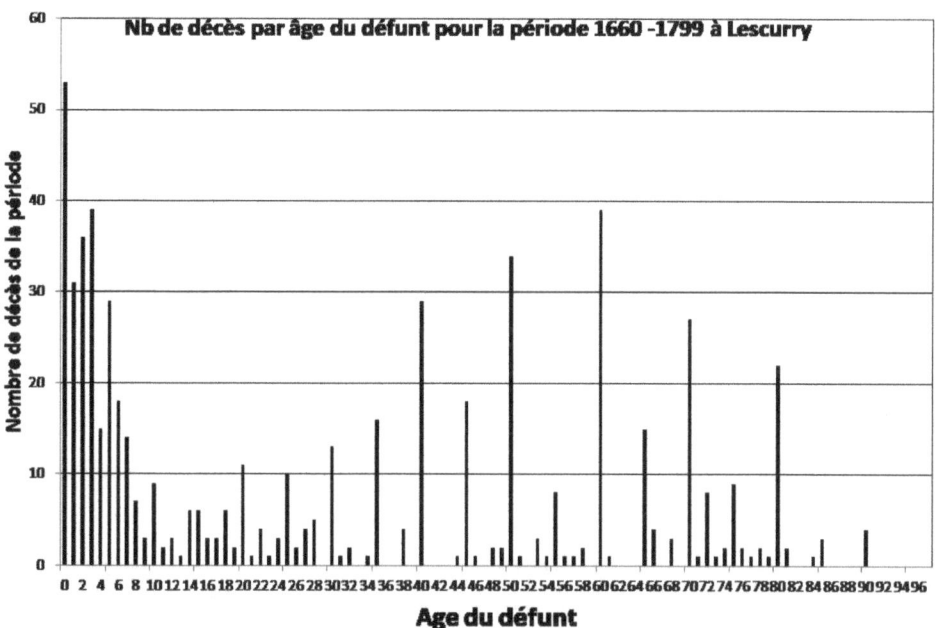

Pierre Sestian

Enfourchons une dernière fois notre monture à remonter le temps pour faire la connaissance de Pierre Sestian. Son épouse est Anne Marie Lespiau avec qui il a 3 enfants entre 1636 et 1648. L'ainé est Jean Sestian Coutillou propriétaire. Puis vient Bertrande (1642-1707) qui épouse Jean Casaux avec qui elle a 4 enfants entre 1671 et 1681. Puis vient Gabrielle qui épouse Jean Costabadie avec qui elle a 10 enfants entre 1671 et 1684.

Les Sestian propriétaires

Selon le terrier de Lescurry établi en 1677, il y a environ 40 maisons dont 5, selon les termes employés dans ce document sont *« tenus et possédées »* par des Sestian. Les terres agricoles, bois ou friches des habitants du village de Lescurry sont évaluées au total à environ 1 000 journaux soit en unité actuelle 350 ha dont 31 ha pour les 5 Sestian propriétaires. Cet inventaire des terres possédées par les habitants du village ne décrit pas celles du Seigneur du village, Philippe de Podenas et son épouse Louyse Montbartsier. Par différence on peut évaluer la surface du domaine seigneurial à environ 150 ha.

Les Sestian propriétaires dans la seconde moitié du XVIIème siècle sont :

- Arnaud Sestian (1635-1681) dit Berne qui possède environ 4 ha de terre. Il a, avec son épouse Jeanne Abadie, 3 enfants entre 1658 et 1663 dont Bernard dont la descendance s'installe à Nay.
- Jean Sestian Coutillou (1636-1726) qui est le fils de Pierre Sestian. Il possède environ 7 ha de terre. Entre 1652 et 1680, il a, avec son épouse Marguerite Laforgue, 8 enfants dont 6 atteignent l'âge adulte et dont 5 lui donnent une descendance.
- Guilhem Sestian (1638-1713) qui possède environ 6 ha de terre. Entre 1660 et 1690, il a avec son épouse Bernarde, 3 enfants dont 2 lui donnent une descendance
- Sestian Guilhaume (1642-1726) dit Bernis ou Bicata qui possède environ 6 ha de terre. En 1672 et en 1677, il a avec Jeanne Darric, 2 enfants dont Pierre Jean Sestian qui lui donne une nombreuse descendance à Nay.
- Bernard Sestian (1646-1691) dit Camus qui possède environ 9 ha de terre. Il a, entre 1665-1691 avec Marie Marthe Laforgue, 3 enfants dont 2 atteignent l'âge adulte et lui donnent une descendance.

Entre 1650 et 1700 le patronyme Cestia est présent à Nay et Lescurry.

Nay

Les fondateurs de la dynastie des Cestia de Nay sont Pierre Jean Sestian Dauveille et Bernard Sestian qui ont eu à Nay une nombreuse descendance.

Pierre Jean est né à Lescurry en 1677. En 1694 il résiste à la famine qui frappe durement son village natal. C'est donc quelqu'un d'une nature robuste.

En 1695, il épouse Anne Pehourtic d'une famille originaire de Bosdaros situé à environ 10 km à l'Ouest de Nay. Son mariage et son installation à Nay semblent liés à l'émergence de l'industrie textile dans cette ville. On est au début du XVIIIème siècle à l'époque de la concentration dans le centre ville de Nay de l'activité textile artisanale présente en périphérie de la ville. Ainsi Pierre Jean d'une famille d'agriculteur de Lescurry devient bonnetier.

Entre 1696 et 1720, Pierre Jean Sestian et Anne Pehourtic ont 12 enfants. Leur fils Jean, bonnetier comme son père, leur donne 14 petits-enfants dont 6 garçons qui assurent la pérennité du nom dans la ville de Nay. Leur fille Marie et Anne se marient à Nay. L'une a 4 enfants et l'autre 5.

Lorsque Pierre Jean Sestian meurt en 1747, il est veuf, il a 70 ans ; ce qui, à l'époque, est un âge très rarement atteint. Son petit-fils Jean a alors seulement 6 ans. Pierre Jean Sestian n'a donc pas connu la réussite sociale de son petit-fils qui devient, un peu plus tard, marchand puis négociant.

Le deuxième fondateur de la dynastie des Cestia de Nay est Bernard Sestian qui est né vers 1636 à Lescurry où, avec Marie Gardey entre 1680 et 1710, il a 4 enfants dont les deux ainés s'installent à Nay.

Lescurry

Le village de Lescurry a connu en 1694 une terrible famine qui a provoqué 41 décès, alors que le village n'a connu au total pendant les 5 années précédentes, que 36 décès, et que de 1695 à 1699 le curé de Lescurry n'a enregistré que seulement 15 décès. Les décès sont généralement répartis régulièrement tout au long de l'année, avec toutefois un nombre plus faible en juillet, et un nombre plus important en octobre. Pour l'année 1694, c'est différent. Comme le montre le graphe ci-dessous, les décès interviennent majoritairement de mars à juin, période de soudure entre les récoltes. De 1670 à 1694 on compte 200 décès soit en moyenne annuelle, 8 décès par an. Sur la même période, le nombre de naissances est de 169 soit une moyenne annuelle de 6,8 naissances par an. Ainsi on le constate, les années 1650 à 1700 ne sont pas, pour le village de Lescurry, une période de vitalité démographique.

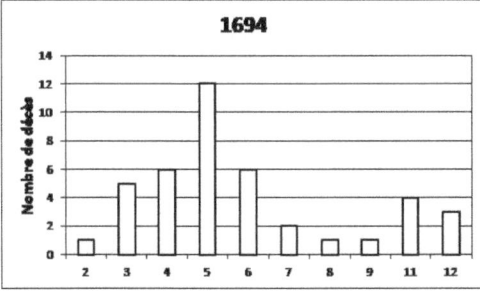

Pour les Cestia, le bilan démographique est différent. On a entre 1650 et 1694 un nombre de 17 naissances contre seulement 9 décès pour la même période. En 1694 on a chez les Cestia un seul décès celui de Jean Cestian âgé de 3 ans. Les Cestia au nombre de 9 en

1650 sont 21 en 1694. On le comprend, en terme statistique, les 9 Cestia présents à Lescurry en 1650 ne constituent donc pas un échantillon de taille suffisante pour être représentatif de la population totale du village.

On le constate donc, dans la seconde moitié du XVIIème siècle, l'adversité de l'existence frappe durement mais injustement, le hasard du destin préside à la loterie de la vie.

La vitalité démographique des Cestia est due notamment à Jean Cestian Bicata et sa première épouse Bernarde Gardey qui, entre 1692 et 1699, ont 5 enfants dont 3 atteignent l'âge adulte, et qui, entre 1716 et 1722 avec sa deuxième épouse Catherine Clemens, ont 3 enfants dont 2 atteignent l'âge adulte. Quatre de leurs enfants leur donnent une descendance.

Jean Sestian Coutillou et Marguerite Laforgue contribuent aussi à l'essor démographique. Entre 1652 et 1680, ils ont 8 enfants dont 6 atteignent l'âge adulte. Cinq de leurs enfants leur donnent des petits-enfants. De même, entre 1681 et 1718, Guilhem Sestian Coutillou et Jeanne Darric ont 9 enfants dont 8 atteignent l'âge adulte. Quatre de leurs enfants leur donnent une nombreuse descendance. Entre 1650 et 1700, il y a aussi dans les dix familles Sestian ou Cestia de Lescurry bien d'autres naissances qui contribuent à l'essor démographique des Cestia.

3. De 1700 à 1750

Dans la première moitié du XVIIIème siècle les Cestia sont présents uniquement en France. L'Amérique, l'Amérique ... ce sera pour plus tard.

L'industrie textile

> Le Béarn situé au nord-ouest des Pyrénées, est un ancien État souverain puis une ancienne province française à la suite de son rattachement au royaume de France en 1620. A partir de 1751 il fait partie de la généralité de Pau et Auch qui administre le Béarn, la Bigorre, la Basse-Navarre, le Nébouzan, la Soule. Le Nébouzan est une vicomté créée en 1240 par détachement du Comminges. Elle était composée de plusieurs enclaves situées sur les départements actuels des Hautes-Pyrénées et de la Haute-Garonne.
>
> Une généralité est une circonscription administrative de la France d'Ancien Régime. (Wikipédia)

La province de Béarn constitue aujourd'hui la partie orientale du département des Pyrénées-Atlantiques.

C'est au cours du XVIIIème siècle que la draperie de Nay, d'abord constituée des artisans de la campagne, s'est en partie concentrée dans la petite ville de Nay. La plupart des marchés locaux des régions textiles sont devenus très tôt des centres de « marchands fabricants » centralisant la production de la campagne. Nay, au XVIIème siècle comptait ainsi une vingtaine de fabricants. [13]

A l'automne de 1708, le contrôleur général des finances Nicolas Desmarets fait faire par ses subordonnés une enquête sur l'état de l'industrie drapière en France. Cette enquête nous apprend qu'il y avait à Oloron-Sainte-Marie de Béarn trois cents fabricants et deux cent cinquante métiers, et qu'il y avait à Nay la manufacture royale Abadie et Saint-Suffrans, dont la production est vendue en Béarn, Navarre, Pays Basque, Labourd [14] et Espagne.

Les Cestia à Nay

A Nay au début du XVIIIème siècle les Cestia sont des Cestian (52%), des Sestia (18%), des Sestian (10%), des Cestia (8%), des Sestiaa (8%), et des Sestiant ou Sextian (5%). L'habitude locale du doublement de la voyelle finale qui n'a jamais été majoritaire (21% un siècle plus tard) est encore très peu adoptée.

---

13 Chevalier Michel, « L'industrie textile pyrénéenne et le développement de Lavelanet », Revue géographique des Pyrénées et du Sud-ouest, tome 21, fascicule 1, 1950. pp. 43-60.

14 Labourd : un ancien fief féodal rattaché d'abord à la Navarre puis à la Gascogne sous le nom de vicomté de Labourd et enfin à l'Aquitaine. Le territoire disparaît avec la création du département des Pyrénées-Atlantiques.

La présence des Cestia à Nay est étroitement liée à l'industrie textile. Pierre Jean Sestian dit Dauveille, bonnetier né à Lescurry en 1677, se marie à Nay en 1695 avec Anne Pehourtic. Ils ont 12 enfants entre 1696 et 1720 dont Jean Sestiaa bonnetier dit Trébayre, né à Nay en 1707 où il épouse en 1728 Jeanne Laffont. Ils ont 14 enfants dont 6 garçons. Un des garçons devient marchand, négociant.

Jean Sestian dit Gouailly, marchand né à Lescurry en 1680 se marie en 1703 à Nay avec Jeanne Marguerite Anne Gouaille. Ils ont 7 enfants entre 1703 et 1723. Du second mariage de Jean avec Marie Anglade nait entre 1724 et 1738, 4 enfants dont un est laneficier. Jean Sestia, originaire d'une famille de Lescurry, est né à Nay en 1706. Il a en 1726 avec Marie Abbadie un fils Bernard laneficier qui se marie à Nay avec Jeanne Marie Lajusa. Ils ont 8 enfants entre 1762 et 1772, 4 filles et 4 fils qui deviennent laneficiers comme leur père. Ces déplacements entre Lescurry et Nay illustrent l'attractivité de cette ville due très certainement à l'industrie textile en train de naître dans cette petite ville de Nay au début du XVIIIème siècle.

Les Cestia à Lescurry

La période 1700-1750 est marquée en son début, en 1713, et à la fin, en 1747, par deux hécatombes. Lescurry connait 21 décès en 1713 et 19 décès en 1747, ce qui est considérable pour un village de 200 à 250 habitants. Le nombre moyen pour la période 1700 à 1750 est de 5,6 décès/an. Malgré cela, entre ces deux dates, le village connait une période de 30 ans de vitalité démographique : le nombre de mariages par an passe de 2 à 3, et le nombre de naissances passe de 7 à 8. La population du village que l'on peut évaluer à 200 habitants en 1700 passe à 250 en 1750. (Voir ci-après « Nombre d'habitants »)

Les graphiques ci-dessous permettent de comprendre ce qui s'est passé en 1713 et 1747.

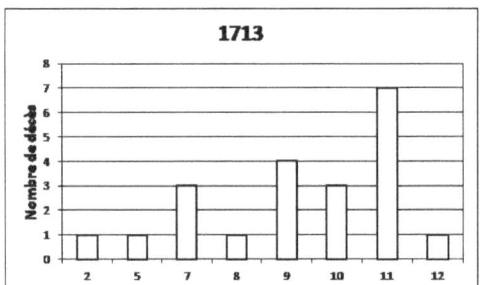
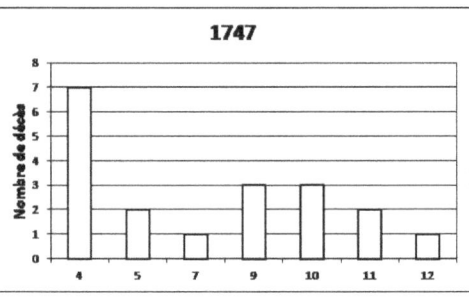

En 1713 les décès interviennent pendant la mauvaise saison. Ils n'interviennent pas en avril ou mai au moment de la soudure entre les récoltes. Ce qui permet d'avancer l'hypothèse d'une épidémie, hypothèse confortée par les pluies abondantes survenues en 1713 qui auraient pu favoriser la pollution de l'eau. Par contre en 1747 le graphe permet de retenir l'hypothèse d'une famine.

Les Cestia de Lescurry ne semblent pas avoir échappé à ces catastrophes puisque leur nombre suit l'évolution démographique du village. Ils sont 25 en 1700 et 33 en 1750. La vie à Lescurry en ce tout début du XVIIIème siècle est cependant dure. Pour autant les Cestia ne quittent pas massivement leur village, sans doute plus par nécessité que par attachement. Ils sont pour les plus favorisés laboureurs et pour ceux qui le sont moins, brassiers qui vivent du travail de leurs bras. La terre les fait vivre ; ils ne peuvent pas la quitter sauf quelques exceptions qui concernent les plus jeunes, qui à l'occasion d'un mariage passent dans un village voisin.

Les mariages de ceux qui quittent le village se font dans des villages proches de Lescurry : Beccas situé à 2h30 à pied (12 km), Louit à 1h (4,7 km), Collongues à 1h15 tout comme Dours (5,6 km).

- C'est le cas de Jacques Cestia Coutillou qui quitte son village pour se marier en 1732 à Beccas avec Jeanne Caubet avec qui il a 4 enfants.
- C'est aussi le cas de trois fils de Jean Sestian Bordenave, tous les trois prénommés Jean, dont les deux premiers se marient à Louit et ont le premier, 4 enfants entre 1736 et 1744, le second, 2 enfants entre 1736 et 1744, et dont le troisième se marie à Bayonne où il a 3 enfants avec Marie Baron, mais finalement revient à Lescurry où il a 3 autres enfants avec sa seconde épouse. Il quitte alors son métier de jardinier pour devenir vigneron.
- Marie Cestian se marie à Collongues et a, avec Jacques Fontan, 2 enfants l'un en 1712, et l'autre en 1720.
- Arnaud Sestian se marie avec Marie Adamet à Dours où il est né. Il devient à Dours comme son père un Saucetter. C'est quelqu'un d'instruit et religieux. Il est marguillier ce qui signifie qu'il assiste le curé dans son ministère pour les tâches matérielles. Il a 4 enfants dont un deviendra consul [15].

Il y a aussi ceux qui veulent vraiment changer de vie. C'est le cas de Jean Sestian qui vers 1700, se marie à Nay où il devient marchand. Avec Jeanne marguerite Anne Gouailles sa première épouse, il a 7 enfants entre 1702 et 1723, puis avec Marie Anglade, il a 4 enfants entre 1724 et 1738. C'est aussi le cas de Pierre Jean Sestian Dauveille qui se marie à Nay en 1695 où il devient bonnetier. Il a avec Anne Pehourtic 12 enfants entre 1696 et 1720 dont un deviendra comme lui bonnetier.

Mais le mariage n'est pas le seul moyen de quitter son village natal ; il y a aussi la carrière militaire. C'est sans doute le cas de Joseph Sestian, le fils de Bernard et Marie Gardey de Lescurry, qui le 1er janvier 1726 a une fille à Bruchsal en Allemagne avec une certaine Franciscae. Joseph Sestian est-il un rescapé de la défaite de la bataille

---

15 Un Consul est à l'époque moderne l'équivalent d'un élu municipal d'aujourd'hui.

de Höchstädt, également connue comme la bataille de Blenheim, du 13 août 1704 qui sur le chemin du retour se serait arrêté pour fonder une famille ?

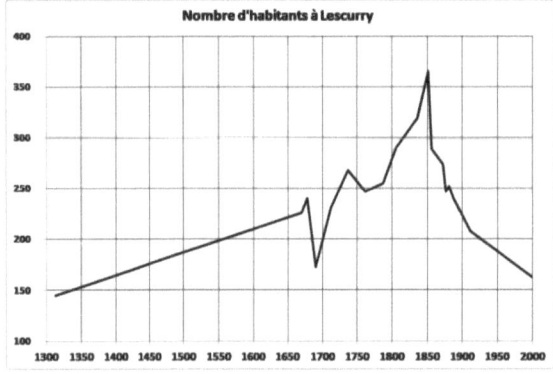

Nombre d'habitants à Lescurry

Le graphique ci-contre a été établi pour les années 1313 et de 1806 à 1999, à partir de données disponibles sur le site des archives départementales. En l'absence de données disponibles pour les autres années, des évaluations ont été établies selon la formule de calcul suivante : le nombre d'habitants est égal au produit du nombre moyen de naissances par an par l'âge moyen au décès (représentatif de l'espérance de vie) majoré de 3% pour tenir compte des lacunes dans les registres dépouillés [16].

On retrouve sur le graphique ainsi établi les deux périodes de déclin démographique : un premier déclin dû aux famines de la fin du XVIIème siècle et un deuxième déclin aux XIXème et XXème siècles, dû au progrès technique et à sa conséquence, l'exode rural.

La vitalité démographique de Lescurry, +0,45% habitants/an de 1690 à 1806 est proche de celle observée en France + 0,2% habitants/an de 1700 à 1755 et +0,8% de 1755 à 1776, ainsi que des chiffres nationaux de Vauban, parfois contestés, de 0,37%/an de 1700 à 1789. [17]

Cette croissance démographique du XVIIIème siècle se poursuit au début du XIXème siècle jusqu'à ce que les conséquences du progrès technique, transport, mécanisation des travaux agricoles, aient raison de l'essor du village de Lescurry dont le déclin démographique se poursuit jusqu'aux périodes récentes.

Les Cestia de Louit

C'est au début du XVIIIème siècle que le nom patronymique Cestia apparait à Louit. Les premiers Cestia de Louit qui sont en fait plus souvent Cestian que Cestia, viennent de Lescurry. Ce sont ceux qui ont quitté Lescurry pour s'installer à Louit et y fonder

---

16 Méthode dite du *"multiplicateur"*, Population et société N°409, février 2005

17 Léon, « Economies et sociétés préindustrielles 1650-1780 ». 1970, Armand Collin, p. 214-216.

une famille. Comme on le verra plus loin, ils ne sont pas les seuls à avoir quitté Lescurry.

Lorsque Marie Cestian rejoint sa tante Jeannea à Louit pour épouser Jacques Fontan, elle a connu à Lescurry l'hécatombe de 1713. Peut-être espère-t- elle à Louit trouver une vie moins dure. Avant son décès en 1747, une année terrible, elle met au monde 2 filles qui fondent une famille et ont des enfants entre 1737 et 1748.

Jean Cestian dit Guilhaumet est né à Lescurry en 1699. Lorsqu'il s'installe à Louit, il retrouve Marie la cousine-germaine de son père qui y est déjà installée et mariée avec Jacques Fontan. Jean Cestian épouse Marguerite Guinle de Louit, avec qui il a 4 enfants entre 1736 et 1744. L'ainé est Pierre Cestia mon aïeul, le père de Jean Cestia, père de Philippe, etc.

Guilhem Cestian est né à Lescurry en 1693. Il est le frère de Jean Cestian dit Guilhaumet qu'il rejoint à Louit. Guilhem a, entre 1742 et 1745, deux enfants avec Marie Luit.

On le voit, on le constate dans le récit de cette migration entre Lescurry et Louit, dans cette époque où la vie est dure, face à l'adversité les liens familiaux sont une manière de faire face et sans doute d'être solidaire. On serre les coudes et on fait face ensemble, semble être la règle de vie.

Les Cestia à Dours

En ce début du XVIIIème siècle le premier à quitter Lescurry pour venir s'installer à Dours est Bernard Cestian né en 1692 à Lescurry. Il fonde une famille qui lui donne 11 enfants, 5 avec sa première épouse Domengea Pére, puis 6 avec Anne St Upery [18]. Son premier enfant à lui donner des petits-enfants est Arnaud Sestian qui a, avec Marie Adamet, 4 enfants entre 1732 et 1755.

Puis arrive, un autre Arnaud Cestian né à Lescurry en 1716. Il fonde à Dours une famille avec Jeanne Dardenne. Ils ont 9 enfants nés entre 1736 et 1756.

---

18 Ce nom de famille a subi de nombreuses transformations. Il devient Saint-Ubery puis Sentubery au XIXème siècle.

Localisation de Nay

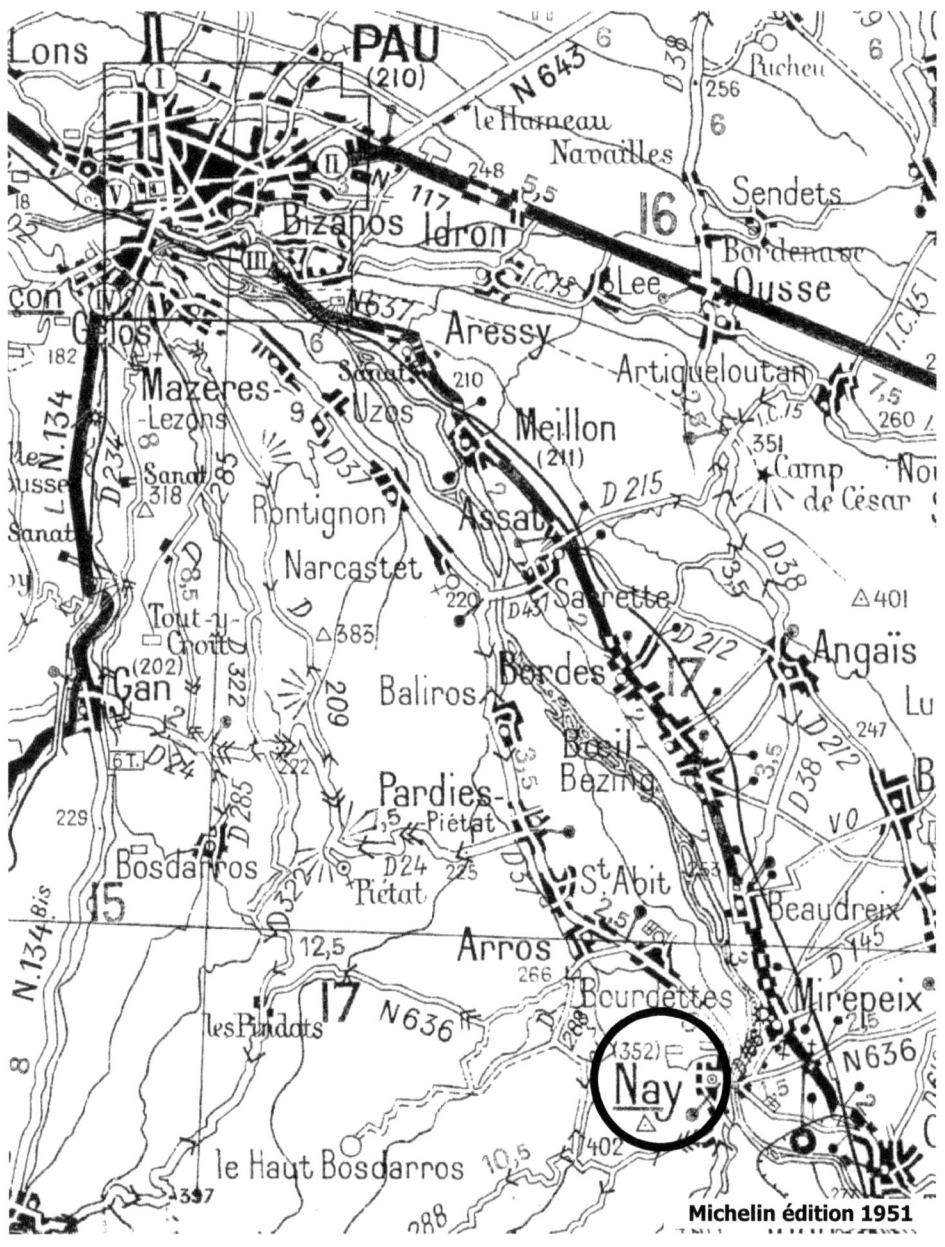

Michelin édition 1951

Localisation de Lescurry

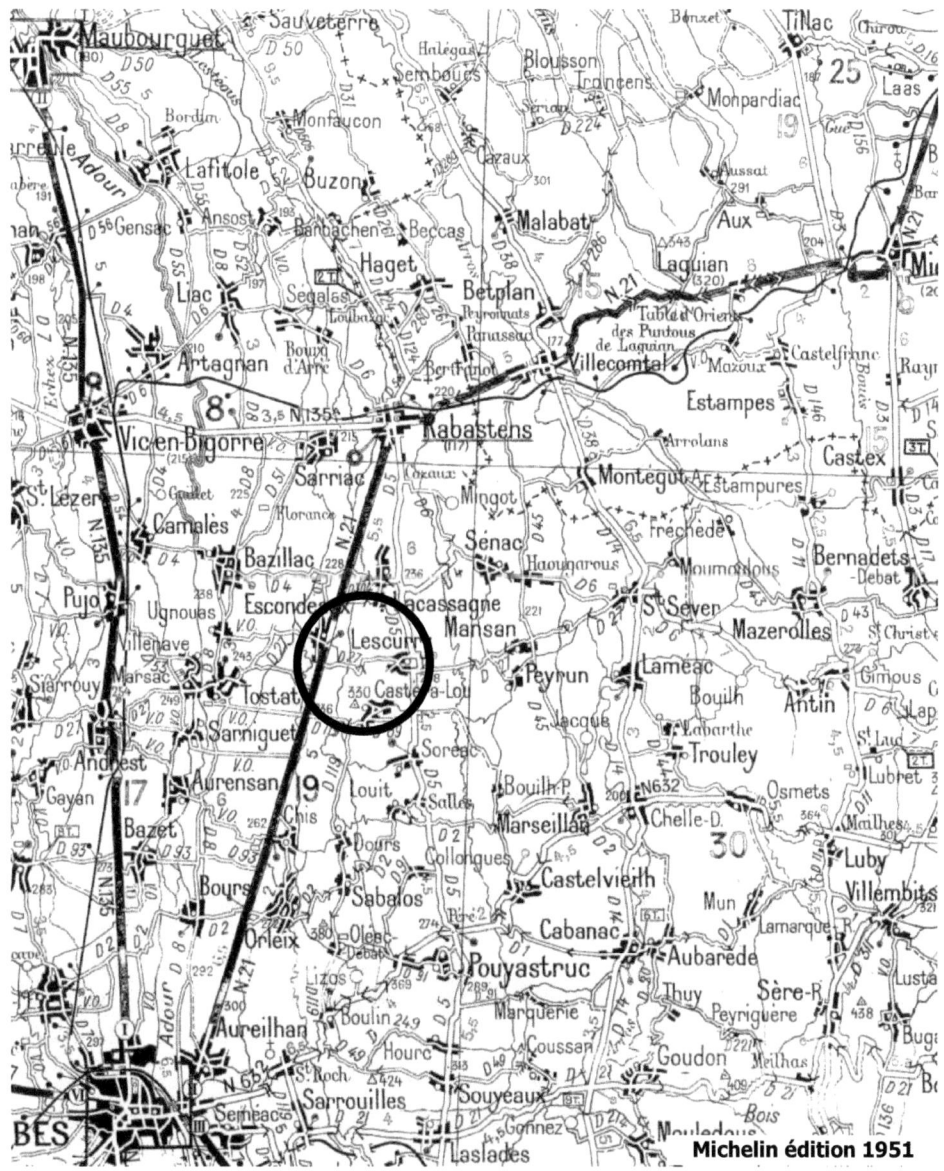

Michelin édition 1951

4. Lescurry de 1639 à 1891

Mes travaux de recherche sur les Cestia m'ont rapidement conduit à porter un intérêt particulier au village de Lescurry, et avec l'aide de généalogistes eux aussi bénévoles, à effectuer un relevé systématique des registres d'état civil de ce village sur la période 1639-1891.

Les statistiques établies à l'aide de ces relevés concernent les patronymes, les professions et la démographie, mais elles permettent aussi des interprétations économiques et sociales.

Patronyme

Sur la période qui couvre deux siècles et demi les nouveau-nés Cestia sont les plus nombreux. Ils représentent presque 8% des naissances devant les Darric, Duco, Clemens et Fabares. Le village de Lescurry est donc le village des Cestia.

Professions

Avant la Révolution les actes d'état civil ne mentionnent généralement pas la profession. La statistique qui sans surprise indique que les métiers de la terre sont pratiqués à hauteur de 72% de la population porte donc sur la période de 1790 à 1894.

Décès

L'examen des statistiques de décès permet de mesurer l'effet des crises alimentaires, famines, disettes et épidémies diverses qui, à Lescurry comme partout en France, ont été nombreuses aux XVIIème et XVIIIème siècle.

« Des crises alimentaires sont observées en Europe en 1660-1662, 1693-1694, 1698-1699 » [19]. Lescurry n'est pas épargné comme on l'observe sur le graphique ci-après.

En France ; la grande famine de 1693 et 1694 tue près de 1,7 millions de Français. A Lescurry les années 1693 et 1694 sont terribles. Lescurry résiste à cette famine jusqu'au mois de mars 1694. Mais de mars à juin c'est l'hécatombe pour les plus jeunes et les plus âgés.

Au XVIIIème siècle les revenus des exploitants agricoles sont faibles et précaires. Les impôts royaux et les droits seigneuriaux pèsent lourdement. Les variations climatiques qui entrainent des mauvaises récoltes, produisent alors de grandes difficultés.

A l'automne 1713 Lescurry est touché par une mortalité importante, due peut-être à la famine, mais aussi à des précipitations abondantes qui surviennent cette année là

---

19 Léon P, « *Economies et sociétés préindustrielles 1650-1780* », 1970, Armand Colin, page 49.

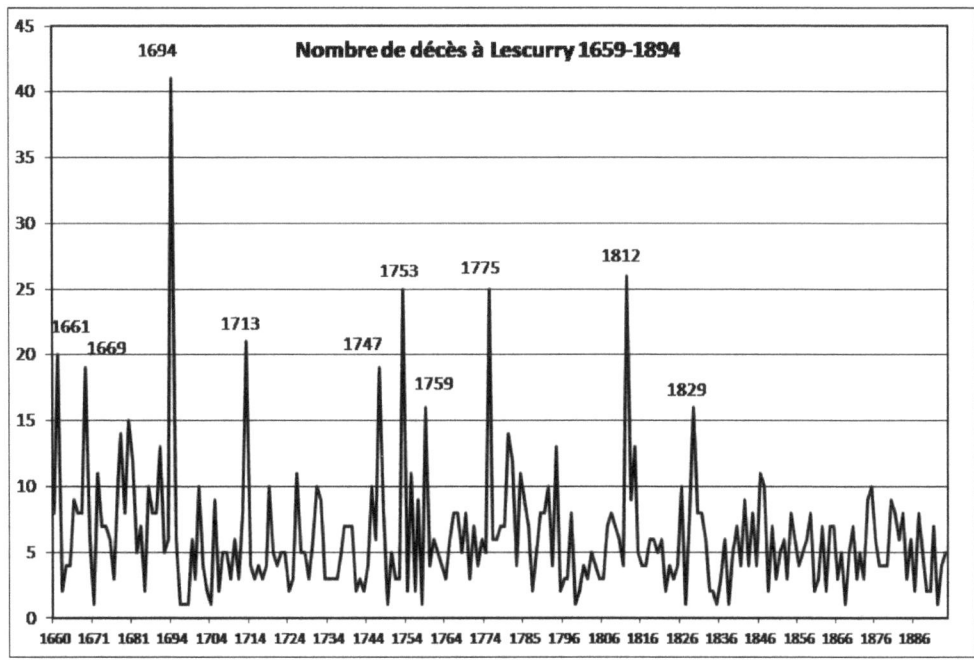

dans l'ouest de la France, précipitations qui, à cette époque, pouvaient entraîner des épidémies suite à la contamination de l'eau.

Mais l'année 1714 marque le début d'une nouvelle croissance qui se traduit par une embellie de la natalité.

Et puis, de nouveau en 1747 et 1753, là encore Lescurry n'est pas épargné. Dans le Sud-ouest, après un printemps dérangé et pluvieux, l'été 1751 connaît une sécheresse extraordinaire, avec de grandes chaleurs qui font périr la récolte. Les herbages manquent. C'est une année des plus critiques et des plus disetteuses qui semble avoir eu pour conséquence à Lescurry un pic de mortalité quelque temps plus tard en 1753.

A propos des années 1750 et en particulier 1751 à 1756, l'historien Emmanuel Le Roy Ladurie indique qu'elles correspondent, pour la France et l'Angleterre, à une série d'années tardives, d'étés froids et de mauvaises récoltes. [20]

La rudesse des hivers des années 1775 et 1794 et la mauvaise récolte qui en résulte entraînent disette et mortalité importante à Lescurry. Ces hécatombes successives privent le village de la main-d'œuvre qui lui est nécessaire.

---

20 Emmanuel Le Roy Ladurie, « Histoire humaine et comparée du climat 1740-1860 », Fayard.

De mai à septembre 1812 la mortalité est importante à Lescurry.

L'année 1829 connaît aussi des décès importants en automne. Les eaux basses de l'été favorisant la pollution de l'eau peuvent expliquer cette mortalité une fois de plus.

Espérance de vie

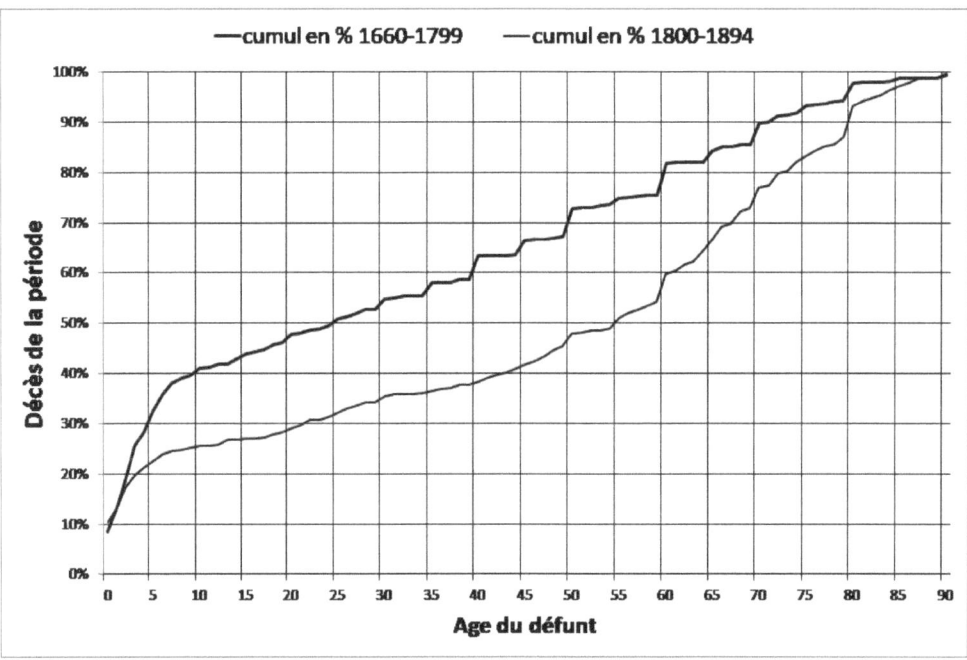

L'âge au décès mentionné sur 74% des actes relevés permet de tracer les graphiques ci-contre qui montrent que pour la période 1660-1799, 40% ne dépassaient pas l'âge de 10 ans. Cependant ce pourcentage tombe à 25% pour la période 1800-1894.

Le graphique représente le cumul pour la période des décès observés par tranche d'âge exprimé en pourcentage du total des décès de la période. Par exemple, le point 30%, 5 ans de la courbe en gras signifie que les décès aux âges inférieurs ou égaux à 5 ans, c'est à dire âge inférieur à 6 ans, représentent 30% du total des décès de la période.

L'âge moyen au décès présenté dans le deuxième graphe est établi par période de 25 ans pour tenir compte de la taille réduite de l'échantillon statistique.

Ces deux graphiques montrent la rudesse de la vie des paysans jusqu'à la Révolution française. Ils reflètent aussi les progrès apportés par le XIXème siècle. Mais ces réalités ne sont pas propres à Lescurry. Elles ont été observées aussi dans d'autres régions

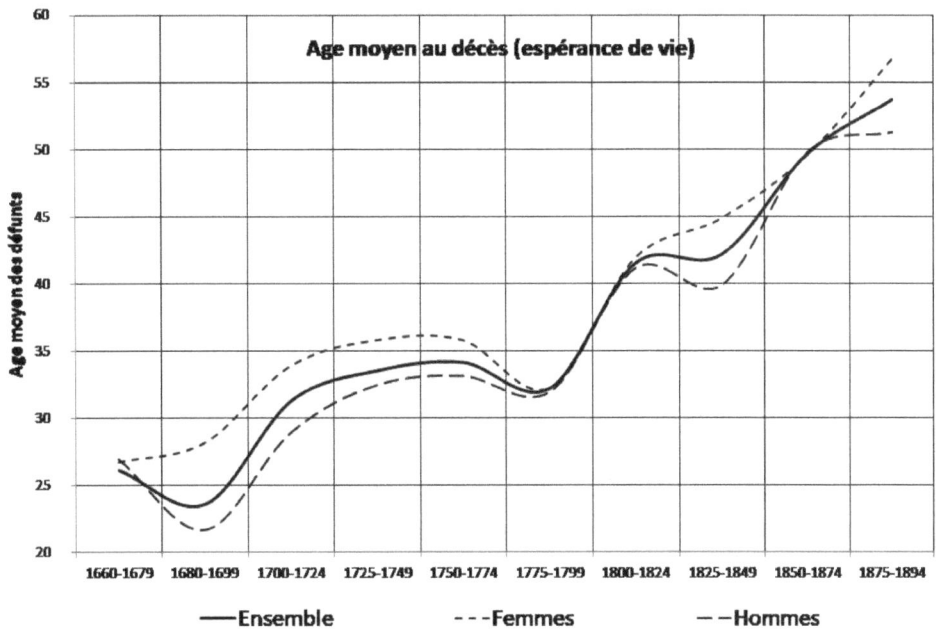

de France, notamment à Auneuil en Beauvaisis « *entre 1657 et 1676 1/3 de la population ne dépasse pas 10 ans et 50% ne dépasse pas 20 ans* » [21]

Les femmes ont une espérance de vie supérieure à celle des hommes. La surmortalité des hommes à cette époque n'est pas propre à Lescurry. La « *Surmortalité masculine après les deux premières années du mariage* » a été observée en France au XVIIème siècle. Les chiffres ci-dessus sont proches de ceux observés à Auneuil en Beauvaisis : « *21 ans sous Colbert, 32 ans sous Necker* » [22]

La cause en pourrait être la rudesse des travaux confiés aux hommes qui serait un facteur de mortalité supérieure à celui de la mortalité en couche notamment.

Naissances et mariages

Dans la seconde moitié du XVIIème siècle les famines successives ont eu raison de la vitalité démographique du village. Le nombre moyen de naissances par an est divisé

---

21 Léon, « *Economies et sociétés préindustrielles 1650-1780* ». 1970, Armand Collin, p. 51
22 Léon, « *Economies et sociétés préindustrielles 1650-1780* ». 1970, Armand Collin, p. 47.

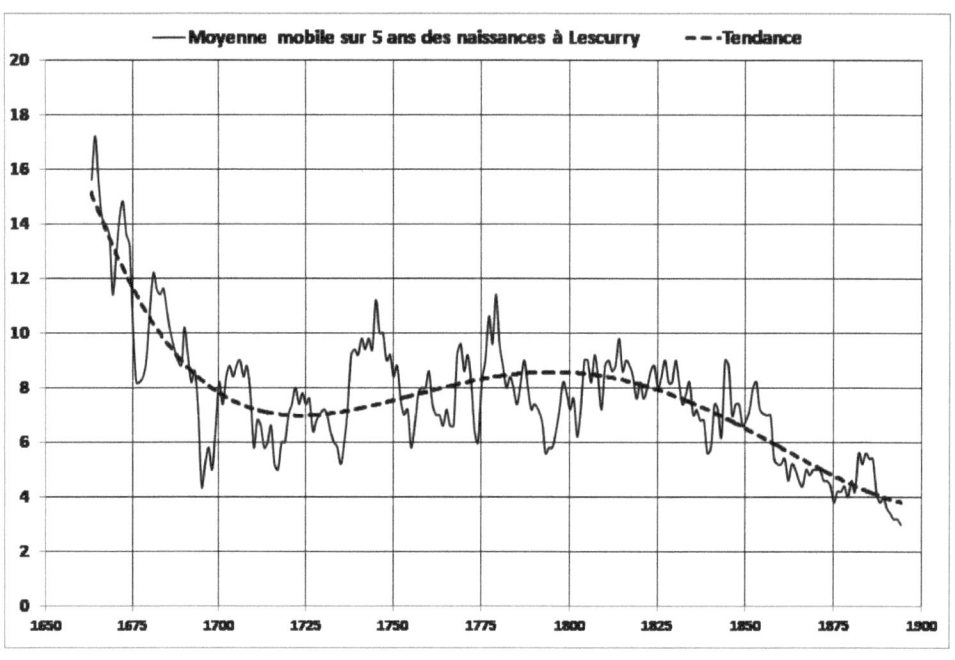

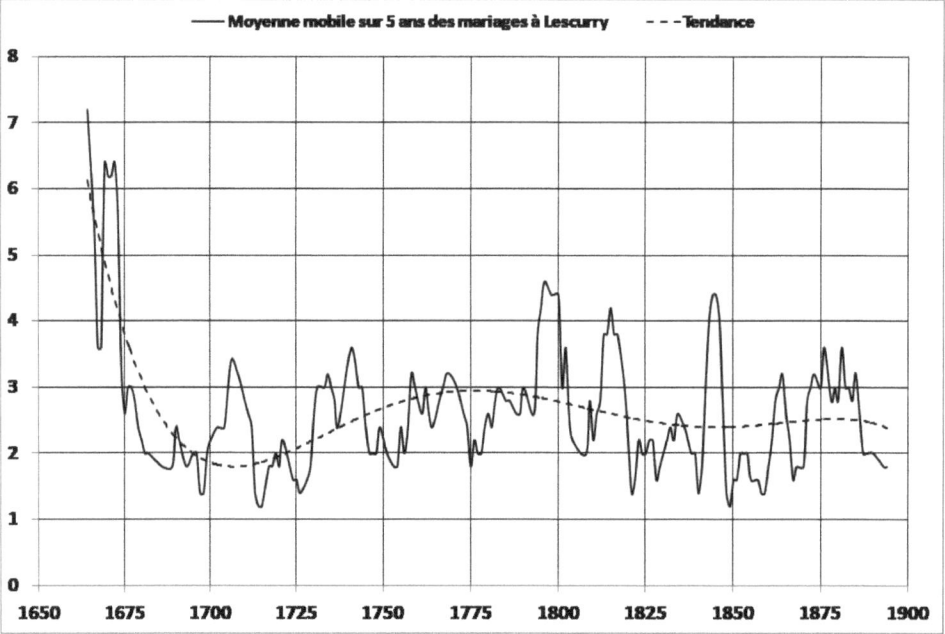

par deux en 50 ans. Sur la même période le nombre de mariages est divisé par trois.

La vitalité démographique observée avant les famines du XVIIème siècle a entrainé un accroissement du nombre de bouches à nourrir qui a amplifié certainement l'effet des famines.

Au XVIIIème siècle, malgré les famines qui subsistent encore, le nombre de naissances progresse légèrement de 7 naissances par an à presque 8,5 par an tandis que le nombre de mariages passe de deux à trois

Pour d'autres raisons dues au progrès technique, aux migrations et plus généralement aux déplacements de population, le XIXème siècle connaît à Lescurry une diminution du nombre annuel de naissances qui est divisé par deux en un siècle.

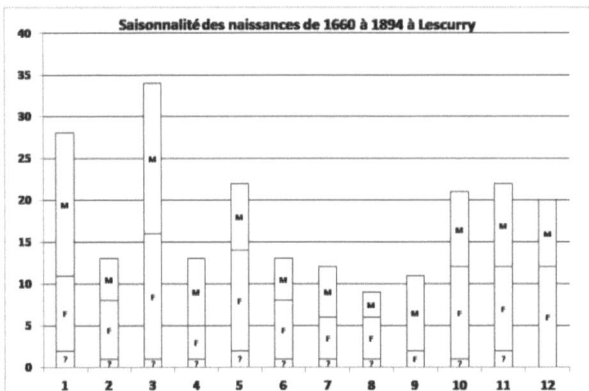

Le nombre de naissances selon les mois de l'année est variable, mais cette variation est constante de 1660 à 1894. Sur toute la période, on observe le plus grand nombre de naissances du mois de janvier à mars et du mois d'octobre à décembre, et une première diminution pour avril et mai, et enfin une diminution plus nette entre juin et septembre.

La saisonnalité des naissances pourrait avoir un lien direct avec l'activité majoritairement agricole des habitants du village et le culte marital. [23]

L'interprétation que je propose est que les efforts physiques importants, dus aux durs travaux agricoles des mois de juillet et août, prolongés par ceux, pas moins rudes à cette époque, de préparation des sols de septembre à décembre, entraîneraient une baisse des naissances à partir du mois d'avril jusqu'au mois d'août. Du milieu du XVIIème siècle à la fin du XIXème siècle les travaux agricoles sont durs et épuisent physiquement les paysans. C'est ce que semble nous indiquer cette statistique de la saisonnalité des naissances.

La vie à Lescurry de la moitié du XVII° à fin XVIII°

Il apparaît que, de la moitié du XVIIème siècle à la fin du XVIIIème siècle, la vie au village de Lescurry était rude. Famines, disettes, épidémies transformaient la vie en un combat contre la mort. La mort des enfants jeunes inexorablement frappait toutes les familles. Il faut se nourrir pour survivre. Pour se nourrir il faut travailler dur, mais

---

23 Le mois de mai consacré à la vierge Marie depuis 1724, et le 15 août fête nationale depuis 1638, entraineraient respectivement une baisse et une hausse des conceptions en mai et août.

il faut aussi des conditions climatiques favorables. En cela Lescurry se trouve dans la moyenne nationale telle qu'elle est décrite par plusieurs historiens.

Mais une évolution favorable est constatée au cours du XVIIIème siècle entre 1725 et 1775. Lescurry semble ainsi participer à *« Cette montée lente de l'aisance dans une partie du monde rural »* dont parle Pierre Goubert pour la période du règne de Louis XV, propos nuancé par l'historien *« Il convient toutefois de ne pas outrer cette impression d'aisance croissante (que nient, sans preuve décisive, quelques historiens) »* [24] Effectivement on ne peut constater à Lescurry qu'une embellie légère.

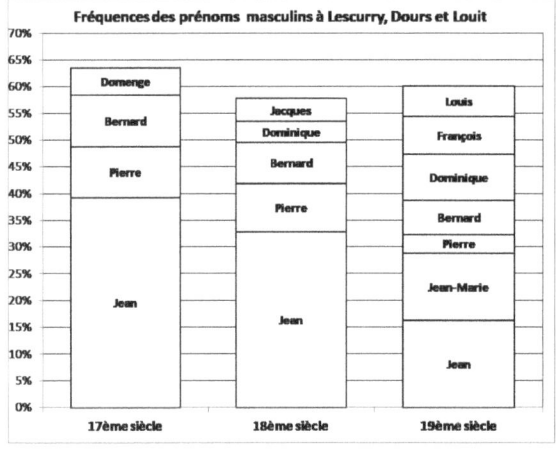

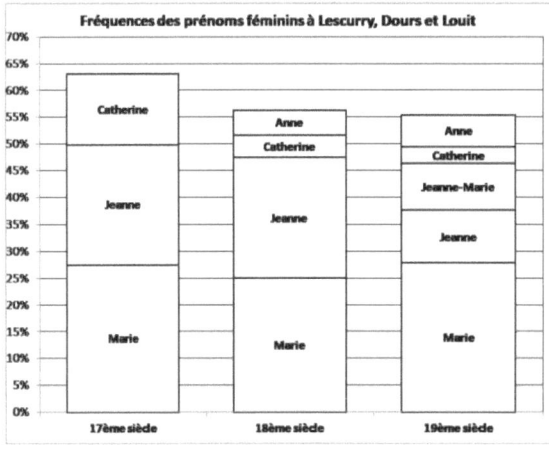

Fréquence des prénoms

Les relevés systématiques des registres paroissiaux et d'état civil de Lescurry, Louit et Dours que j'ai effectués en partenariat avec d'autres généalogistes bénévoles, portent sur 2 789 baptêmes et naissances. Les périodes concernées sont pour Lescurry de 1650 à 1894, pour Dours de 1680 à 1793, et pour Louit de 1647 à 1757. Les statistiques qui suivent concernent donc, pour le XIXème siècle, exclusivement la commune de Lescurry, et pour le XVIIème et XVIIIème siècle, les trois paroisses de Lescurry, Dours et Louit.

---

24 Goubert, « Initiation à l'histoire de France », 1984, p. 216.

5. De 1750 à 1800 travailler pour survivre

Les Cestia de Lescurry le village des Cestia

Le nombre de Cestia sur la période 1750-1800 est, à Lescurry, d'environ 25 habitants ce qui représente environ 10% de la population du village. Autant dire que Lescurry est le village des Cestia.

Dans la période 1750-1800 malgré un nombre de naissances qui reste stable à environ 8 naissances par an, la population de Lescurry reste stable à environ 260 habitants. Le nombre de Cestia reste stable sur la période, suivant en cela l'évolution démographique de l'ensemble du village.

Le nombre de naissances chez les Cestia sur la période (0,9 naissance/an) représente environ 10% des naissances du village (8 naissances/an). Ces taux de fécondité auraient dû conduire à une augmentation, tant du nombre d'habitants, que du nombre de Cestia. Mais les départs vers d'autres villages et la mortalité due aux famines et épidémies de 1753, 1775 et 1794, a empêché la croissance démographique. Alors que le nombre moyen de décès de Cestia sur la période est de 1 décès par an, on observe pour ces années 4 décès de Cestia en 1753 et 2 en 1775 et en 1794.

Maison de Lescurry

Au XVIIIème siècle Lescurry enregistre en moyenne 6,1 décès par an. En 1753 il y a 25 décès dont 9 en mai, en 1775, sans doute une épidémie [25], provoque 25 décès dont 7 en octobre, en 1794, il y a 13 décès dont 7 entre avril et juillet.

Les départs vers d'autres villes ou villages se font, dans la deuxième moitié du XVIIIème siècle, vers Dours, Vic-en-Bigorre, Lacassagne, Beccas, Sénac et Bayonne. Au total ce sont 8 départs de Lescurry que l'on observe entre 1750 et 1800. Ce sont des jeunes qui s'installent ailleurs pour y fonder une famille.

La vie, un combat contre la mort

Au XVIIIème siècle la vie est rude et la mortalité jusqu'à l'âge de 25 ans est importante. La proportion d'une classe d'âge qui dépasse les 10 ans est seulement de 60% et seulement 50% atteint l'âge de 25 ans.

---

25 Les famines engendrent des décès au moment de la soudure entre avril et juillet, un nombre de décès important en octobre fait plutôt penser à une épidémie.

Pour les Cestia de Lescurry, comme dans beaucoup de villages de France, famines, disettes, épidémies transforment la vie en un combat contre la mort. La mort des enfants jeunes, inexorablement, frappe toutes les familles. Il faut se nourrir pour survivre. Pour se nourrir il faut travailler dur, mais il faut aussi que les conditions climatiques soient favorables. Equations souvent impossibles à résoudre.

Cestian et Sestian

Les Cestia que l'on trouve à Lescurry entre 1750 et 1800 appartiennent à 19 familles (au sens cellule familiale père, mère et enfants). On compte là, les familles où au moins un membre a vécu dans cette période, ou n'a connu que le tout début de la période, ou seulement la fin. Il s'agit des familles Cestian (13 familles) ou Sestian (5 familles), mais aussi une famille Sestiaa.

La présence à Lescurry d'une famille Sestiaa est étonnante, puisque cette manière d'écrire le nom de famille avec doublement de la consonne finale n'est pas l'usage local. Mais la présence d'un Sestiaa à Lescurry s'explique : Ce « *Sestiaa* » est Jean, fils de Pierre Jean Sestian d'une famille de Lescurry. Pierre Jean Sestian, le père, se marie et s'installe à Nay où ses 11 enfants s'appellent Sestiaa comme le veut l'usage à Nay. Puis un de ses onze enfants, Jean Sestiaa le fils, se marie à Nay où il a 3 enfants nommés Sestiaa. C'est alors qu'il s'installe à Lescurry avec son épouse et ses trois enfants. A Lescurry il a 11 enfants de plus qui portent le nom de Sestia.

A part cette exception de migration de Nay vers Lescurry, les Cestian et Sestian de Lescurry dans la période 1750-1800 sont tous originaires du village de Lescurry.

On est habitué aujourd'hui à une transmission sans faille du nom de famille. Ce n'était pas le cas au XVIIIème et XIXème siècle. On voit qu'un simple changement de région entraine le remplacement de la terminaison « *an* » par la terminaison « *aa* », puis un autre déménagement juste dans l'autre sens permet d'enlever un « a » à la terminaison.

Dans cette période on peut observer de nombreux cas où la terminaison en « an » de Cestian ou Sestian n'est pas reconduite à la génération suivante, ce qui donne Cestia ou Sestia. Quand au S initial il est souvent remplacé d'une génération à l'autre par un C.

Les Coubé, Coutillou, Dutrey, Bicata et Bourdale

Mais qui sont les Coubé, Coutillou, Dutrey, Bicata et Bourdale de Lescurry ? Aux Cestian et Sestian de Lescurry est souvent accolé un surnom comme c'est l'usage en Bigorre. Les surnoms des Cestia à Lescurry dans la période 1750-1800 sont Coubé, Coutillou, Dutrey, Bicata, Biuatou et Bourdale.

Le surnom, lié à un nom de maison, est presque aussi important que le nom de famille puisqu'il figure après le nom de famille sur les registres paroissiaux qui enregistrent baptêmes, mariages et décès. Il est le plus souvent attribué dès l'acte de baptême. J'ai pu aussi observer dans des actes de baptêmes, dans des délibérations municipales ou des correspondances privées, que le surnom peut se substituer exceptionnellement au nom de famille. Sa transmission n'est pas héréditaire, car il est rare qu'il soit attribué à la totalité d'une fratrie. Il n'est pas rare que des cousins germains portent le même surnom alors qu'ils ne portent pas le même nom de famille. Comme pour un nom de famille, la manière d'écrire un surnom subit l'altération du temps.

Les Coubé

Les Coubé de Lescurry dans la deuxième moitié du XVIIIème siècle, sont des enfants des frères Guillaume et Bernard Cestian.

- Guillaume Cestian a avec Marie Sentubery trois enfants qui sont dans cette période des Coubé, Jeanne-Marie (1746-1784), Jeanne (1748-1781) et Jean (1763-1810).
- Jeanne Cestia est la fille de Bernard Cestian et de Gabrielle Bernis. C'est une Coubé.

Par ailleurs, Guillaume et Bernard Cestian ont deux neveux Pierre et Jean Sestian dont des enfants sont aussi des Coubé. Ce sont Bernard Cestian (1760-1854) et Jeanne Cestia (1768-1777).

Les Coutillou

Les Coutillou de Lescurry de la même période, sont Jean, Rose et Jeanne, trois enfants de Guillaume Cestian Coutillou-Darric (1731-1790) et de Marthe Dumestre. On rencontre aussi un autre Coutillou dans cette période, Jean Cestian (1745-1815) Dutrey-Coutillou cousin Germain de Guillaume Cestian Coutillou-Darric.

Les Dutrey

Les Dutrey de Lescurry toujours dans la même période sont des enfants des frères Jean Cestian Dutrey-Coutillou (1745-1815) et Raymond Cestia (1747-1796).

- Jean Cestian Dutrey-Coutillou et Bernarde Darric ont trois enfants qui sont dit Dutrey.
- Raymond Cestia a un fils Thomas lui aussi dit Dutrey.
- Un cousin germain de Jean Cestian et Raymond Cestia, Jean Cestian est dit aussi Dutrey-Coutillou.

Bicata et Biuatou

Les Bicata et Biuatou de Lescurry sont des enfants et petits-enfants de Jean Cestian Bicata (1667-1731). Mais son fils Bernard Cestian (1692-1781) porte le surnom de Saucetter qui lui vient de son épouse originaire de Dours et de la maison Sauceter à Dours. Ainsi des enfants du premier mariage de Jean Cestian Bicata avec Bernarde Gardey, Bernard est le seul à avoir un surnom.

Les enfants du deuxième mariage de Jean Cestian Bicata avec Catherine Louise Clemens, sont Marie Cestian (1697-1762), Arnauld Cestian Biuatou (1716-1788) et Claire Cestian Biuatou (1718-1761). Marie Cestian n'a pas de surnom. Il est donc possible qu'un changement de maison de ses parents soit intervenu après sa naissance.

A la génération suivante les petits-enfants de Jean Cestian Bicata sont Cestian Bicatan (1743-1743), Claire Cestian Biuatou (1744-1744), Etienne Cestian Biuatou (1748-1783), Marie Cestian Biccatan (1751-1753), Anne Cestian Biccatan (1756-1756).

Les Bourdale

Les Bourdale de Lescurry sont, durant la période 1750-1800, Bernard Cestian Bourdale (1720-1781) et deux de ses 6 enfants Marie (1750-1826) et une autre des ses filles dénommée aussi Marie (1751-1801).

Les notables de Lescurry

Au XVIIIème siècle la plus grande partie de la population ne sait ni lire, ni écrire, ni même signer son nom, sauf les nobles et quelques rares personnes. Il en est de même à Lescurry où ne savent écrire et signer leur nom que les nobles qui habitent le château et quelques rares personnes notamment ceux qui font partie du corps municipal (conseil municipal) ou qui assurent des charges, telle celle de collecteur d'impôt… Collecteur d'impôts, un métier éternel, déjà mentionné dans la bible …Sous l'Ancien Régime, les impôts royaux sont très nombreux. Ces impôts s'ajoutent aux impôts versés aux seigneurs et au clergé catholique.

En 1768, c'est Arnauld Cestian Biuatou (1716-1788) qui a cette charge. Il a eu 9 enfants entre 1736 et 1748 dont seulement 3 survivants au moment où il exerce sa charge.

A travers cet exemple, on s'aperçoit que la mortalité peut toucher tout le monde, même ceux qui bénéficient de plus d'instruction et donc de conditions de vie sans doute meilleures.

Plaintes et remontrances de la communauté de Lescurry

Cahier de doléances

En vue de préparer les Etats-généraux, chaque ville et village dresse un recueil de plaintes et propositions législatives. Ces recueils font ensuite l'objet de synthèses successives par niveau administratif qui aboutissent à une synthèse finale remise au roi

Les impôts sont vieux comme le monde, leur impopularité l'est tout autant… Ainsi, en mars 1789 à Lescurry on établit la liste des doléances en vue de la préparation des états généraux. La contestation des impôts y figure en bonne place. Ce document signé par neuf membres du corps municipal dont Jean Cestia dit Dutrey-Coutillou revendique aussi plus de justice, d'égalité devant l'impôt

« *proportionnellement aux propriétés et facultés de chacun* ».

Les habitants par l'intermédiaire du corps municipal réclament « d'être libres et affranchis de tout joug avilissant et tyrannique », ils veulent le « retour de la liberté qui sera toujours l'âme de tout commerce ». S'ils ne souhaitent pas payer la « réparation des églises et la subsistance des pauvres », ils veulent cependant le respect de la « résidence des évêques dans chaque diocèse » Ils souhaitent aussi des agents « compétents pour juger du mérite des sujets ». Etonnamment, ce texte semble ne pas avoir vieilli...

Cahier des Doléances, plaintes et remontrances à former de la communauté de Lescurry

Le texte ci-dessous est la transcription en français actuel d'un texte dont les tournures et les mots empruntent parfois au français ancien.

1. Que toutes les impositions royales et charges publiques quelconques soient généralement et indistinctement supportées par tous les ordres de citoyens proportionnellement aux propriétés et facultés de chacun.
2. Le retour périodique de la tenue d'états généraux et n'octroyer d'impôt qu'à la suite de leur tenue et à condition de prendre une connaissance exacte détaillée de la réalité pour y proportionner le sacrifice des sujets.
3. Une nouvelle constitution des états de la province fondée sur le principe de celle du Dauphiné où les communautés des campagnes aient une juste représentation.
4. Une opinion [droit de vote] par tête tant aux états généraux que provinciaux.
5. Que le Tiers Etat soit admis à choisir librement et exclusivement son syndic et [ses] gouverneurs avec les autres ordres, un receveur ou trésorier, au rabais ou par abonnement [négociateur ou soumis au forfait] en donnant une suffisante caution.
6. La suppression des étalons particuliers car ils sont onéreux et contraires au but de leur établissement, car les particuliers n'étant pas libres de la destination de leur jument dont l'inspecteur dispose à sa fantaisie (ce qui est attentatoire au droit de propriété) ils se dégoûtent de cette branche d'économie d'où il résulte la diminution frappante des chevaux à laquelle on

ne remédiera jamais que par le retour de la liberté qui sera toujours l'âme de tout commerce.

7. L'abolition des milices dans les campagnes, si préjudiciables à la quiétude et si funestes au repos des familles, et les laisser subsister dans les villes.

8. L'abolition des questeurs seigneuriaux comme une charge des plus onéreuses et sont un degré de juridiction qui ne procure que plus de frais. Régler la justice à deux degrés de juridiction, le premier report jusqu'à deux cent livres, au sénéchal deux mille livres, au présidial quatre mille livres et au surplus au parlement en dernier report, que toutes instances finissent dans l'année de l'instance.

9. Abolition des corvées seigneuriales et autres droits personnels qui comme des restes de servitudes blessent essentiellement la dignité de l'homme et y anéantissent la prérogative la plus précieuse comme la plus chère aux Français qui est d'être libre et affranchis de tout joug avilissant et tyrannique.

10. La suppression de la « *banalité* » [26] des moulins comme un droit des plus odieux de la féodalité qui ne sert qu'à favoriser, à protéger même un brigandage d'autant plus déplorable qu'il s'exerce principalement sur la partie la plus indigente du peuple, qui obligé de moudre son grain en très petit détail [quantité], parce qu'il n'est que le produit de ses salaires ou de son industrie, est exposée à des pertes plus répétées et d'autant plus constantes que sa faiblesse en assure l'impunité. C'est pour cette raison que les moulins sont satisfaits [27] quoique affermés communément à un prix exorbitant : les meuniers par leur funeste adresse qu'ils mettent dans leur moyen de [d'exercer leur] rapacité, y trouvent toujours de quoi payer et souvent de quoi s'enrichir.

11. La suppression du droit de préemption [28] comme extrêmement nuisible à l'intérêt des familles, au bien de l'agriculteur, à la liberté du commerce à l'intérêt des familles parce que les circonstances présentes exigent surtout dans les années calamiteuses, des secours momentanés nécessitant de vendre à vil prix des objets pour les reprendre dans le cours de l'année, mais

---

26 Les banalités sont, dans le système féodal français des installations techniques que le seigneur est dans l'obligation d'entretenir et de mettre à disposition de tout habitant de la seigneurie. En contrepartie, les habitants de cette seigneurie ne peuvent utiliser que ces installations seigneuriales payantes.

27 Le texte emploi le mot « *ebanier* » mot de l'ancien français « *Esbanoier* » se réjouir, divertir, s'égayer selon le Dictionnaire Godefroy.

28 Le texte emploie le mot « *prélation* » qui désigne à l'époque féodale le droit de préemption ou droit de retenue en prélation.

dont elles sont privées par l'exercice du droit de préemption si propre à favoriser un honteux et injuste trafic par des reventes lucratives ou par cession en faveur des protégés au bien de l'agriculteur parce que les acquéreurs ne peuvent pas compter sur leur acquisition dont nombre de seigneurs refusent pendant plusieurs années de leur en donner l'investiture et négligent les améliorations dont elles seraient susceptibles à la liberté du commerce parce que le droit en éloignant la concurrence nuit au vendeur, de même qu'aux ménages qui désireraient saisir l'occasion de placer le fruit de leurs économies sur les objets de leur convenance si les privilèges seigneuriaux n'y mettaient souvent obstacle.

12. Que les communautés soient autorisées à nommer elles-mêmes leurs consuls, soit parce qu'il ne convient pas que les seigneurs nomment les administrateurs d'un pays avec lequel ils ont souvent des intérêts opposés, soit parce qu'il est indécent, dans les cas où les seigneurs ne résident pas, que les nominations soient faites par des domestiques ou leurs agents peu compétents pour juger du mérite des sujets.
13. La restitution de la portion des dîmes consacrée par les anciens canons et ordonnances du royaume à la réparation des églises et la subsistance des pauvres.
14. La destitution des « *maîtrises* » [29] qui ne servent qu'à protéger les seigneurs et à la ruine des sujets par l'injustice qui s'exerce dans les faits.
15. L'abolition du droit de chasse et de pêche sur toutes rivières publiques comme étant nuisible au bas peuple. Les seigneurs ayant autorité de droit de s'approprier des amendes contre leurs vassaux et autres qui auraient la faiblesse de s'occuper du dit ministère un seul instant de la part des dits seigneurs surprise s'en suit.
16. L'abolition du pontonnage et péages, que les passagers soient libres sur les ponts qui se trouvent en toutes espèces de routes.
17. La suppression du dixain attendu que la cathédrale du diocèse de Tarbes a des rentes de sept à huit mille livres que les villes dont elle tient le dixain n'ont pas assez de rentes pour s'entretenir et que s'ils ont un titre de possession ce n'est qu'en vertu que lorsque la cathédrale du diocèse fut incendiée, le chapitre demanda le dixain pour la réédification de la maîtrise pour un certain temps et ils ont sans scrupule continué le procédé jusqu'à aujourd'hui.

---

29 Maîtrises : il s'agit d'autorisations administratives pour certaines activités par exemple « maîtrise des eaux et forêts ».

18. Que le haut clergé, abbés, et communauté du prieuré, rentiers soient assujettis et contribuables au paiement des dettes royales sur le dixième de leurs rentes.
19. La résidence des évêques dans chaque diocèse attendu que l'absence des évêques est fort préjudiciable aux sujets pour prendre des ordres et fort dispendieux pour se transporter dans des diocèses étrangers pour parvenir à prendre les ordres sacrés.
20. La suppression du « vaquat » [30] qui se paye dans les deux seuls diocèses de Tarbes et Léseas de la moitié des usufruits de l'année du décès du curé qui meurt sans avoir égard en aucune circonstance qu'il y ait des grêles ou autres fléaux qui puissent être advenus.
21. La suppression de dîme sur les agneaux, oiseaux et autres espèces de [droit de] « *carnalage* » [31].
22. Que toutes sortes de personnages soient assujettis aux corvées générales ou aux impôts pour l'entretien des routes.
23. Que sous aucun prétexte, ni pour raison quelconque, les ministres, les tribunaux, ni aucun sujet du roi ne puissent violer les lois impunément.
24. Supprimer les dons particuliers qui se font aux états de la province en Bigorre au préjudice du public que dans les cas d'incendie ou autres fléaux dignes du mérite de charité.
25. Que tous les sujets du roi sans distinction concourent au paiement de la dette de l'Etat, que les seigneurs du terroir et tous les possesseurs des biens nobles privilégiés et non privilégiés soient assujettis à concurrence de la dette nationale.
26. Que les huissiers soient taxés à tant par lieu de la distance où les dits huissiers prennent leur commission.
27. Qu'il soit permis à tout propriétaire d'emporter et retirer sa récolte aussi tôt qu'il l'aura ramassée et laissant la portion de dîme dans ladite pièce sans être obligé d'attendre la volonté du décimateur attendu que des fléaux fréquents y peuvent advenir ou autres accidents.
28. La commune expose particulièrement que le Seigneur du lieu possède environ de cinq cent soixante et douze journaux de forêts dans le lieu à titre noble,

---

30 Vaque adj. inoccupée pour une fonction.
31 Carnalage, subst. masc, (Provinces du Sud) Droit de carnalage. "Droit de saisie du bétail surpris dans les lieux où il lui est interdit de paître" Dictionnaire Moyen Français, 2015, Robert Martin.

on demande que le Seigneur soit assujetti et par abonnement [forfait] aux impositions royales comprises dans les rôles du dit lieu.

29. Le dit seigneur s'étant investi ou ses auteurs [responsables] de cent journaux de terre consistant en bois et landes par son autorité privée, si des titres ne suivent, les fonds appartenant à la dite communauté entièrement après le dénombrement de 1614 à la suite du dernier règlement des états généraux en France, que les seigneurs soient assujettis au délaissement du fonds en faveur des habitants comme usurpés à leur préjudice, ou qu'il soit ordonné au seigneur de justifier de l'acquisition du dit fonds en fournissant des titres justes et non discutables par devant monsieur le Sénéchal de Tarbes pour en être dit droit

30. Enfin les habitants demandent d'être maintenus à la loi du dénombrement de 1614 pour payer les droits seigneuriaux.

31. La suppression de toute adjudication concernant les messageries qui ont un droit exclusif à tout autre habitant du royaume de se charger de tous les voyageurs et font payer indûment à tout autre voiturier qui gagnerait sa vie, trois livres par place ce qui va contre la liberté française et contre le droit naturel et le droit civil et des nations.

Lescurry le 28 mars 1789

Parmi les signataires, membres du corps municipal, il y a Jean Cestia Dutrey-Coutillou (1745-1815) et Bernard Duco premier consul époux de Jeanne Marie Cestian (1745-1794) la fille de feu Guillaume Cestia dit Coubé collecteur d'impôt.

1790, l'année du redressement fiscal

Enfin, comprenons-nous bien... à Lescurry en 1790 le redressement fiscal concerne les collecteurs d'impôt de l'Ancien Régime... et non le redressement des contribuables. Lescurry est loin de Versailles et de Paris, mais le Tiers Etat qui se proclame assemblée nationale - la Bastille prise d'assaut par des émeutiers, et le 26 août 1789 - la Déclaration des droits de l'homme et du citoyen, mettent le village en émoi.

C'est ainsi que, selon la délibération municipale, le « 7 septembre 1790 à Lescurry, et où la commune est d'usage de tenir ses assemblées, Messieurs les maire et officiers municipaux avec son conseil, ici présent, procèdent à la vérification des comptes à rendre par les collecteurs, à raison des deniers Royaux qui consistent en taille, vingtième, triple vingtième, afin de connaître les recettes et dépenses, et aux fins d'être remboursées par les collecteurs, en faveur de la communauté des sommes qui pourront lui revenir, du plus imposé sur les rôles, pour être remis aux collecteurs, du moins imposé et commencent depuis l'année 1761 jusqu'à y compris l'année 1789 »

Donc ce jour là, les 10 collecteurs d'impôt qui ont officié de 1761 à 1789 sont là, ou sont représentés par leurs héritiers, pour présenter les comptes afférents à leur charge.

Le premier présente ses comptes et rembourse 3 livres 15 sous, puis les suivants remboursent chacun quelques sous et quelques deniers.

« Puis s'est présenté le Sieur Jacques Frechou Bicata, représentant Arnauld Cestia collecteur de l'année 1768, qui après avoir rendu son compte s'est trouvé débiteur de 3 sous, 9 deniers qu'il a payé et remis à Messieurs les officiers municipaux »

Le collecteur d'impôt Arnauld Cestia Biuata est mort en mai 1788 à l'âge de 71 ans. Aucun de ses enfants ne lui survit. En 1790 sa seule descendance est Jean Lalanne de Dours un petit-fils de 10 ans et Jeanne Cestia une petite-fille de 14 ans de Lescurry. Personne dans sa descendance ne peut donc le représenter. On choisit donc Jacques Frechou le deuxième époux de Jacquette Darieux dont le premier mari était Etienne Cestian dit Biuata (1748-1783), le fils du collecteur d'impôt. Jacques Fréchou présente donc les comptes du beau-père de sa femme et s'acquitte, 22 ans après, de la dette familiale de 3 sous … pour l'exercice de 1768.

Puis arrivent Darric et Duco à qui on rembourse 6 sous et 6 deniers et 16 sous 4 deniers dument justifiés. (A cette époque une journée de travail vaut environ 26 sous).

Et c'est alors le tour d'examiner les comptes de dit Coubé collecteur des années 1763, 1764, 1765, 1778, 1779 et 1780. C'est son fils qui le représente et *« qui après avoir rendu son compte s'est trouvé débiteur de 18 livres, 1 denier qu'il reste à payer … »* (1 Livre tournois = 20 sous = 240 deniers)

Cette séance du 7 septembre 1790 aura permis d'examiner les comptes de 29 ans de collecte d'impôts à l'exception toutefois des années 1726 et 1775. L'année 1726, peut-être à cause d'une réforme fiscale importante dont les textes arrivés tardivement n'ont pas permis de collecter l'impôt, et l'année 1775, peut-être à cause de la famine qui a sévi cette année là.

Au total la collecte de ce redressement fiscal est de 34 livres 6 sous 8 deniers soit l'équivalant en salaire de 26 jours. … Les bons comptes faisant les bons amis, à Lescurry en 1790, la démocratie pas encore proclamée, est sur la bonne voie !

Les Cestia de Nay

Les Cestia de Nay sont au XIXème siècle une grande famille qui travaille dans l'industrie textile et dans celle du bois. En 1750, il y a à Nay les familles qui sont là depuis plusieurs générations. Il s'agit de la descendance de la famille de Sestiaa Jean époux Laffont, bonnetier. Ses premiers enfants portent le nom Sestiaa, tandis que les suivants sont Sestia.

Il y a aussi les familles qui ont leurs origines à Lescurry ou dont les parents originaires de Lescurry se sont mariés à Nay et s'y sont installés au début du siècle. Ce sont les enfants de Pierre Jean Sestian dit Dauveille de Lescurry qui épouse à Nay Anne Pehourtic avec qui il a 12 enfants nés entre 1696 et 1720, dont seulement 6 atteignent l'âge adulte. Ce sont aussi les enfants de Jean Sestian marchand qui a, avec Jeanne Margueritte Anne Gouailles, 11 enfants entre 1702 et 1738 dont seulement 4 atteignent l'âge adulte. De Lescurry il y a aussi ceux qui sont venus de Lescurry avec femme et enfants comme Bernard et Jean Sestian.

Ainsi les Cestia, Sestian, Sestia et Sestiaa qui ont vécu entre 1750 et 1800 à Nay, ont des liens de proche parenté.

Les Cestia de Nay se marient dans leur ville et y ont généralement au moins 5 enfants. Entre 1750 et 1800 le nombre de Cestia augmente à Nay d'environ 45%. Ils gardent le métier de leurs parents et contrairement à ce que l'on a pu constater en Bigorre au XIXème siècle, ils ne cherchent pas fortune ailleurs, ils restent dans leur ville industrielle qui leur fournit travail et salaire.

A part les quelques commerçants et artisans, qui sont boulanger, cordonnier, cabaretière ou tailleur de pierre, les autres Cestia sont le plus souvent ouvriers dans l'industrie de la laine (laneficier), tricoteur ou tricoteuse ou tisserand. Ainsi pour la moitié d'entre eux ils travaillent dans l'industrie textile et plus particulièrement celle de la laine, mais 20% ont un emploi dans l'industrie du bois.

A Nay il y a en centre-ville la manufacture royale de bonnets à la turque, créée par les frères Poey d'Oloron aux environs de 1740. Cette manufacture produit des coiffes en laine exportées en Orient et dans le pourtour méditerranéen. On trouve aussi des manufactures plus anciennes près des cours d'eau spécialisées dans la fabrication des couvertures de laine et des cadis (grosses étoffes de bure). A Nay la rivière le Gave de Pau donne l'eau nécessaire à ces manufactures préindustrielles de Nay qui attirent, au XVIIIème siècle des populations sans doute de toute la Bigorre et des Cestia de Lescurry en particulier.

Les Cestia de Nay dont beaucoup sont ouvriers dans les manufactures ont des conditions d'existence difficiles. Ce qui ne provoque pas leur départ car ils seront au XIXème siècle plus nombreux qu'ils ne le sont au XVIIIème siècle. Mais cet attachement à leur ville qui se perpétue de générations en générations, est paradoxal dans le contexte de leur condition ouvrière. Il serait hasardeux d'en conclure qu'ils sont satisfaits de leur sort. Cette situation est-elle le résultat d'un arbitrage entre la condition de paysan et celle d'ouvrier, ou le résultat d'un impossible choix ? Les Cestia de Nay ont-ils préféré être ouvrier pour un salaire qui permet juste de survivre, plus tôt que de travailler dur la terre pour un maigre profit et parfois pour rien lorsque le climat n'est pas favorable ?

Les Cestia sont des salariés de ces manufactures « *subsistant, au jour le jour, d'un maigre salaire, libres juridiquement, mais dépendants économiquement ?* » comme s'interroge à propos des manufactures de Lyon, Pierre Léon historien professeur à l'Université de Lyon. [32].

La réponse à ces questions se trouve peut-être dans cet extrait du « *Mémoire sur les manufactures de Lyon* » adressé en 1786 au Roi par Etienne Mayet Directeur des fabriques du Roi de Prusse et Assesseur à la chambre royale des manufactures.

Le mémoire ci-dessous concerne Lyon. Il me semble cependant qu'il vaut aussi pour la manufacture royale de Nay dont la création est antérieure à celle de Lyon.

> « Pour assurer et maintenir la prospérité de nos manufactures, il est nécessaire que l'ouvrier ne s'enrichisse jamais, qu'il n'ait précisément que ce qu'il lui faut pour se bien nourrir et bien vêtir. Dans une certaine classe du peuple, trop d'aisance assouplit l'industrie, engendre l'oisiveté et tous les vices qui en dépendent. A mesure que l'ouvrier s'enrichit, il devient difficile sur le choix et le salaire du travail. Le salaire de la main d'œuvre une fois augmenté, il s'accroit en raison des avantages qu'il procure. C'est un torrent qui a rompu …Personne n'ignore que c'est principalement au bas prix de la main-d'œuvre que les fabriques de Lyon doivent leur étonnante prospérité. Si la nécessité cesse de contraindre l'ouvrier à recevoir de l'occupation quelque salaire qu'on lui offre, s'il parvient à se dégager de cette espèce de servitude, si ses profits excèdent ses besoins au point qu'il puisse subsister quelque temps sans le secours de ses mains, il emploiera ce temps à former une ligue. N'ignorant pas que le marchand ne peut éternellement se passer de lui, il osera, à son tour lui prescrire les lois qui mettront celui-ci hors d'état de soutenir toute concurrence avec les manufactures étrangères, et de ce renversement, auquel le bien être de l'ouvrier aura donné lieu, proviendra la ruine totale de la fabrique. Il est donc très important aux fabricants de Lyon de retenir l'ouvrier dans un besoin continuel de travail, de ne jamais oublier que le bas prix de la main d'œuvre leur est non seulement avantageux par lui-même, mais qu'il le devient encore en rendant l'ouvrier plus laborieux, plus réglé dans ses mœurs, plus soumis à leurs volontés. »

Les Cestia de Louit

Dans la deuxième moitié du XVIIIème siècle, le village de Louit est pauvre. On n'est pas encore parti en Guadeloupe ou à Porto-Rico pour faire fortune et rapporter des

---
32 Pierre Léon, « Economies et sociétés préindustrielles 1650-1780 », 1970, Armand Colin, page 375.

îles un peu de confort et de richesse. Mais la situation à Louit est certainement moins mauvaise que celle du village voisin, Lescurry. C'est ce que nous inspire le fait que deux familles Cestia quittent Lescurry dans cette période pour s'installer à Louit.

Lescurry n'est qu'à quelques kilomètres au nord de Louit, à environ 1 heure de marche. C'est ainsi que Jean et Jean Cestian deux frères nés à Lescurry en 1699 et 1708 se marient à Louit. L'un y épouse Marguerite Guinle et l'autre Marie Luit. Leurs épouses sont nées à Louit.

Il n'est plus dans les usages aujourd'hui de donner le même prénom à deux de ses enfants. Au XVIIIème siècle c'est assez fréquent. J'en ignore la raison. Mais compte tenu de la mortalité infantile peut-être est-ce pour être sûr d'avoir au moins un enfant survivant du prénom auquel on tient, souvent celui du père. Pure hypothèse de ma part.

Dans les deux familles de Lescurry qui s'installent à Louit le père s'appelle aussi Jean... Cela fait beaucoup de Jean. Mais au XVIIIème siècle ce prénom est très à la mode ; il est donné dans les familles Cestia dans 35% des baptêmes, devant Bernard 16% et Pierre 10%. Pour les filles c'est Jeanne qui arrive quasiment à égalité avec Marie avec respectivement 29% et 28% des baptêmes, suivi d'Anne à 11%. (Voir « Fréquence des prénoms » page 38)

Les deux Jean Cestian, l'un dit Guillaumet et l'autre dit Guilhem nés à Lescurry s'installent donc à Louit entre 1735 et 1740. Ils sont les premiers porteurs de ce nom de famille à Louit.

Du mariage de Jean Cestian dit Guillaumet avec Marguerite Guinle naissent Pierre en 1736, Françoise en 1738, Bernard en 1741 et Guillaume en 1744. Françoise épouse Bernard Dupont, Bernard décède dans l'année de sa naissance et Guillaume s'installe à Vic-en-Bigorre vers 1760.

Du mariage de Jean Cestian dit Guilhem avec Marie Luit naissent deux filles nées en 1737 et 1742. En 1742, Marie Luit devenue veuve épouse à Louit Guilhaume Cestian brassier de Lescurry avec qui elle a une fille et un garçon à qui on ne connait pas de descendance.

Les Cestia de Dours

En 1800, le village de Dours compte environ 150 habitants. Le territoire de la commune de Dours jouxte celui de Louit.

A Dours il y a en 1750, les 4 enfants d'Arnaud Sestian de Dours dit Saucetter et de Marie Adamet son épouse. Leurs enfants sont nés à Dours entre 1732 et 1745. Deux des quatre enfants ont été enregistrés dans les registres paroissiaux sous le nom de Sextia par un curé qui assurait l'intérim de l'ancien curé qui venait de décéder. Pourquoi ce remplacement du s par un x. Sestius est un nom romain alors que Sextius et un prénom romain. Ce curé devait être plus cultivé que le précédent ...

Puis, à la génération suivante, Bernard, un des enfants d'Arnaud et Marie né à Dours, a eu en 1760 à Dours avec Marie Lamon une fille Jeanne. Par contre le frère de Bernard se marie et s'installe à Lansac où il a 4 enfants.

Il y a aussi à Dours Jacques le frère d'Arnaud qui a 7 enfants avec Anne St Ubery entre 1809 et 1826

Entre 1750 et 1800, Dours comme Louit, continue d'attirer des Cestia de Lescurry qui trouvent dans ce petit village des terres plus généreuses que celles de Lescurry. Ils rejoignent ainsi les Cestia déjà présents à Dours. Ainsi Bernard Cestian Saucetter, originaire de Lescurry s'installe et se marie à Dours avec Domengea Père puis avec Anne St Upery sa deuxième épouse.

Vic-en-Bigorre

Antoine Cestia né à Vic-en-Bigorre d'une famille originaire de Louit a, à Vic, avec Anne Bire 2 enfants nés entre 1786 et 1789.

Buzon

Jeanne Marie Cestian de Beccas se marie à Buzon

Lansac

A Lansac sont nés les 4 enfants de Jean Cestian dit Sausette originaire de Dours et de son épouse Jeannette Louit

Sénac

A Sénac sont nés les 4 enfants de Jean Cestian Coubé de Lescurry et de Marguerite Cougot

6. L'esclavage en France au XIXème siècle

L'esclavage est le mode unique de production aux Antilles de 1680 à 1848. Jusqu'au milieu du XIXème siècle, l'industrie sucrière en Guadeloupe est très peu mécanisée. Elle connait alors une très forte croissance qui rend d'autant plus sensible le manque d'esclaves constant depuis le début de la période esclavagiste. Jusqu'en 1831, la traite négrière française, interdite depuis 1814, se poursuit presque ouvertement grâce à la complicité passive des autorités. C'est en 1832 que la population esclave de la Guadeloupe atteint son maximum : on compte près de 100 000 esclaves qui représentent 80% de la population totale de l'île. La fin effective de la traite négrière puis la mise en œuvre par la Monarchie de Juillet d'une politique facilitant l'affranchissement conduisent à la diminution de la population servile. [33].

« Mais l'horreur demeure, parce que l'esclavage lui-même demeure » écrit l'historien Schnakenbourg [34] qui poursuit « La comparaison souvent faite par les apologistes de l'esclavage sous la Monarchie de Juillet entre la situation de l'esclave et le prolétaire n'a pas de sens », elle est pour moi surtout amorale. En droit comme dans les faits les esclaves ne sont pas des personnes » voir « Code noir promulgué en mars 1685 par Louis XIV » page 54

Le combat anti-esclavagiste devient au milieu du XIXème siècle de plus en plus économique et s'appuie de moins en moins sur des arguments moraux et humanitaires. Pour les Classiques, économistes qui ont inspiré les réformes libérales sous la Monarchie de Juillet, l'esclavage n'est pas suffisamment rentable. Il faut donc l'abolir. [35]. A partir de 1830 ces arguments commencent à porter leurs fruits, notamment dans l'opinion, mais n'aboutiront en pratique qu'à la décision de l'arrêt effectif de la traite négrière. Pendant cette même période les actes de résistance des esclaves se multiplient dans les Antilles sauf en Guadeloupe où la dure répression des soulèvements de 1802 semble avoir empêché d'autres tentatives de révolte.

---

33 Cf. Christian Schnakenbourg, « La crise du système esclavagiste 1835-1847 », édition Harmantan.

34 Christian Schnakenbourg est Docteur en Droit et en sciences économiques. Il est maître assistant à l'UER d'Economie et de Gestion de l'université d'Amiens. Il a orienté ses recherches sur l'histoire économique des Antilles. Il a consacré une thèse et de nombreux articles à ce sujet.

35 Les classiques évoquent le prix excessif des esclaves, le risque d'investissement que l'achat d'un esclave représente, les frais d'entretien élevés puisqu'il faut soigner et nourrir l'esclave même en période improductive, et la productivité faible de l'esclave qui a toutes les bonnes raisons d'en faire le moins possible.

Au milieu du XIXème siècle l'incertitude sur l'avenir du système esclavagiste plonge l'économie de la Guadeloupe dans de graves difficultés. L'augmentation du prix des esclaves, du fait de l'arrêt effectif de la traite négrière, entraine une augmentation des coûts de production. Le choc de la diminution brutale à partir de 1802 de la production de Saint-Domingue, dans un premier temps, favorise la production et les bénéfices, mais produit ensuite à partir de 1830, une crise de surproduction (cf. Schnakenbourg).

Code noir promulgué en mars 1685 par Louis XIV

Le Code noir de 1685 comporte 60 articles qui fixent des droits et des devoirs. C'est l'article 44 qui fixe la situation patrimoniale de l'esclave.

- Article 44 Déclarons les esclaves être meubles et comme tels entrer dans la communauté, n'avoir point de suite par hypothèque, se partager également entre les cohéritiers, sans préciput et droit d'aînesse, n'être sujets au douaire coutumier, au retrait féodal et lignager, aux droits féodaux et seigneuriaux, aux formalités des décrets, ni au retranchement des quatre quints, en cas de disposition à cause de mort et testamentaire. »

Mais une limite est fixée : « Ne pourront être saisis et vendus séparément le mari, la femme et leurs enfants impubères, s'ils sont tous sous la puissance d'un même maître »

Ces articles sont précédés par des articles qui accordent aux esclaves des droits.

- Les esclaves qui ne seront point nourris, vêtus et entretenus par leurs maîtres, selon que nous l'avons ordonné par ces présentes, pourront en donner avis à notre procureur général ». Le maître a une obligation de subvenir aux besoins des esclaves « infirmes par vieillesse, maladie ou autrement

Le Code noir impose la religion catholique

- Tous les esclaves qui seront dans nos îles seront baptisés et instruits dans la religion catholique. ». Le repos dominical est prescrit ; « Leur défendons de travailler ni de faire travailler leurs esclaves aux dits jours de dimanches et de fêtes

L'article 9 proscrit les unions libres entre maîtres et esclaves mais autorise le mariage.

- Article 9 Les hommes libres qui auront eu un ou plusieurs enfants de leur concubinage avec des esclaves, ensemble les maîtres qui les auront soufferts, seront chacun condamnés en une amende de 2000 livres de sucre, et, s'ils sont les maîtres de l'esclave de laquelle ils auront eu lesdits enfants, voulons, outre l'amende, qu'ils soient privés de l'esclave et des enfants et qu'elle et eux soient adjugés à l'hôpital, sans jamais pouvoir être affranchis. N'entendons toutefois le présent article avoir lieu lorsque l'homme libre qui n'était point marié à une autre personne durant son concubinage avec son esclave, épousera dans les formes observées par l'Église ladite esclave, qui sera affranchie par ce moyen et les enfants rendus libres et légitimes. »

L'ordre et la discipline doivent régner.

- Défendons aux esclaves de porter aucunes armes offensives ». Aucun rassemblement n'est autorisé sous aucun « prétexte de noces ou autrement » le droit de propriété n'est pas accordé aux esclaves : « Déclarons les esclaves ne pouvoir rien avoir qui ne soit à leurs maîtres. »

Mais l'article 32 donne aux esclaves le droit d'être jugés pour crime comme des personnes libres.

- Article 32 Pourront les esclaves être poursuivis criminellement, sans qu'il soit besoin de rendre leurs maîtres partie, (sinon) en cas de complicité : et seront les esclaves accusés, jugés en première instance par les juges ordinaires et par appel au Conseil souverain, sur la même instruction et avec les mêmes formalités que les personnes libres.

Cependant les articles 33 et suivants précisent les peines encourues par les esclaves qui sont le plus souvent la mort.

- Article 33 L'esclave qui aura frappé son maître, sa maîtresse ou le mari de sa maîtresse, ou leurs enfants avec contusion ou effusion de sang, ou au visage, sera puni de mort.
- Article 34 Et quant aux excès et voies de fait qui seront commis par les esclaves contre les personnes libres, voulons qu'ils soient sévèrement punis, même de mort, s'il y échet.
- Article 35 Les vols qualifiés, même ceux de chevaux, cavales, mulets, bœufs ou vaches, qui auront été faits par les esclaves ou par les affranchis, seront punis de peines afflictives, même de mort, si le cas le requiert.
- Article 36 Les vols de moutons, chèvres, cochons, volailles, canne à sucre, pois, mil, manioc ou autres légumes, faits par les esclaves, seront punis selon la qualité du vol, par les juges qui pourront, s'il y échet, les condamner d'être battus de verges par l'exécuteur de la haute justice et marqués d'une fleur de lys.

Les peines encourues pour les fugitifs sont fixées à l'article 38.

- Article 38 L'esclave fugitif qui aura été en fuite pendant un mois, à compter du jour que son maître l'aura dénoncé en justice, aura les oreilles coupées et sera marqué d'une fleur de lis une épaule ; s'il récidive un autre mois pareillement du jour de la dénonciation, il aura le jarret coupé, et il sera marqué d'une fleur de lys sur l'autre épaule ; et, la troisième fois, il sera puni de mort.

Les maîtres ont le droit d'infliger des peines corporelles,

- *enchaîner et de les faire battre de verges ou cordes* » mais ne peuvent « *donner la torture, ni de leur faire aucune mutilation de membres* » Cependant les officiers peuvent absoudre « *sans qu'ils aient besoin d'obtenir de nous (le Roi) lettres de grâce*

Repères chronologiques depuis 1789

De 1789 à 1848 le débat sur l'abolition de l'esclavage a mis longtemps à aboutir à une loi d'abolition en 1848. Toutefois la traite des Noirs est interdite dès 1815 et devient un crime en 1827. Longtemps ce qui était interdit en France métropolitaine, était autorisé dans les îles. La société tout entière a mis longtemps à prendre conscience de son crime.

1789	France – Déclaration Droits de l'homme et du citoyen : « *Les hommes naissent libres et égaux en droit* »
1790	8 mars – Sur proposition de Barnave, l'esclavage est maintenu aux colonies
1790	16 avril – Assemblée générale de la partie française de Saint-Domingue
1791	25 février – A Saint-Domingue, Vincent Ogé et son ami Jean-Baptiste Chavannes subissent le supplice de la roue pour s'être opposés à l'esclavage
1791	Insurrection des esclaves à Saint-Domingue, qui obtiennent l'abolition de l'esclavage dans la colonie le 29 août 1793. Troubles à la Martinique, à la Guadeloupe
1791	15 mai – Un décret maintient l'esclavage
1791	24 septembre – Les Noirs sont déclarés non citoyens
1791	28 septembre – L'esclavage est aboli sur le sol français en métropole
1792	24 mars – L'égalité politique pour les mulâtres est proclamée
1793	29 août – Abolition de l'esclavage à Saint-Domingue (Haïti).
1793	Septembre – Appelés par les colons les Anglais débarquent à Saint-Domingue
1794	4 février – Décret de la Convention abolissant l'esclavage en France
1794	Victor Hugues (1761-1826), envoyé par la Convention nationale française, gouverne la Guadeloupe. Beaucoup de guillotinés et de répression, propriétaires dépossédés, maître de l'île il se révèle vénal
1795	22 juillet – La partie espagnole de Saint-Domingue revient à l'Espagne
1797	22 août – Toussaint Louverture oblige le commissaire de la République à quitter Saint-Domingue.

1798	Harcelés par Toussaint Louverture, décimés par la fièvre jaune, les Anglais quittent Saint-Domingue
1801	En Guadeloupe, révolte générale après la restitution des îles à la France qui y rétablit la situation de l'Ancien régime
1802	20 mai – Bonaparte rétablit l'esclavage dans les colonies françaises conformément à la législation antérieure à 1789. Les grandes habitations, pour l'essentiel reviennent à leurs propriétaires ou leurs descendants, les affranchis restés sur place furent remis au travail avec le rétablissement de l'esclavage
1803	7 avril – Mort de Toussaint Louverture au Fort de Joux
1804	Proclamation de l'indépendance d'Haïti
1806	Lois anglaises interdisant l'introduction de nouveaux esclaves dans les colonies conquises
1807	Interdiction de la traite négrière par la Grande-Bretagne et de l'importation de captifs et esclaves par les Etats-Unis.
1807	Troubles à la Martinique
1809	Trois cyclones ravagent la Guadeloupe la même année : 27 juillet, 2 août et 2 septembre
1814	Malgré les traités de Paris de 1814 et 1815 qui consacrent la suprématie de l'Angleterre, la France de Louis XVIII réussit à récupérer la Guyane, la Martinique, la Guadeloupe, le Sénégal, La Réunion, et les comptoirs des Indes. Elle y maintient l'esclavage. L'île de la Guadeloupe reprend un visage de colonie sucrière. C'est le début d'une ère de prospérité
1814	Le Pape Pie VII condamne *« le commerce des Noirs »* Par le passé en 1454, le pape Nicolas V autorise le roi du Portugal à pratiquer la traite et l'esclavage d'Africains. Puis en 1537 le Pape Jules III condamne toute mise en doute de la pleine humanité des Indiens
1815	29 mars – Pendant les Cent-Jours, Napoléon décrète l'abolition de la traite mais pas l'abolition de l'esclavage
1815	9 juin – Les puissances européennes s'engagent à interdire la traite négrière au Congrès de Vienne (Grande-Bretagne, France, Autriche, Russie, Prusse, Suède, Portugal)
1815	Poursuite de la traite clandestine malgré son interdiction.
1817	8 janvier – Le gouvernement français promulgue une ordonnance menaçant de confiscation tout navire tentant d'introduire des Noirs dans une colonie française.

1818	15 avril – Louis XVIII interdit la traite négrière au sein de l'empire colonial français
1820	Point culminant de la production sucrière en Guadeloupe. On ne parle pas de l'abolition de l'esclavage et on ne perçoit pas encore que les structures sont obsolètes
1821	Création à Paris de la Société de la Morale Chrétienne et, en 1822, de son Comité pour l'abolition de la traite et de l'esclavage
1824	Un cyclone ravage la Guadeloupe. Phénomène météorologique récurrent en Guadeloupe. Au XVIIIème siècle 15 cyclones sont répertoriés, au XIXème siècle il y en a 20, au XXème siècle on en compte 26 (cf. http://www.ouragans.com/)
1827	25 avril – Charles X interdit la traite négrière au sein de l'empire colonial français. L'infraction n'est plus un délit mais un crime
1830	Dernière expédition négrière nantaise reconnue comme telle : la Virginie. En Guadeloupe 602 habitations sucrières
1830	Schœlcher se prononce contre l'abolition immédiate, car pour lui, *« les nègres, sortis des mains de leurs maîtres avec l'ignorance et tous les vices de l'esclavage, ne seraient bons à rien, ni pour la société ni pour eux-mêmes »*
1831	22 février – Troisième loi française interdisant la traite négrière. Accord franco-anglais pour le contrôle de la traite illicite
1833	Schœlcher, publie un réquisitoire contre l'esclavage et pour son abolition, mais il renvoie celle-ci à un *« futur incident révolutionnaire que j'appelle du reste de mes vœux »*
1833 1838	Abolition de l'esclavage dans les colonies britanniques des West Indies, en Guyane britannique, à l'Île Maurice. La position des tenants de l'esclavage est affaiblie dans les Antilles françaises
1834	Création à Paris de la Société Française pour l'Abolition de l'Esclavage
1839	Création à Londres de la British and Foreign Anti-Slavery Society. Le Pape Grégoire XVI condamne officiellement la traite négrière
1840 1842	Second voyage de Victor Schœlcher dans les Caraïbes. Il préconise l'abolition. Publication et action politique en faveur de l'abolition. Il se heurte au pouvoir censitaire mis en place dans les colonies en 1827 et réformé en 1833. En 1835 pour 12 000 Blancs il y avait 19 000 libres de couleur dont le pouvoir était limité par le régime censitaire. Le débat sur l'abolition a lieu dans un climat de marasme économique dans les colonies françaises. Malgré son humanisme, Schoeler utilise des arguments économiques pour défendre l'abolition : coût du capital immobilisé et de son entretien plus important que

dans le système salarial. Dans un contexte de montée des idées abolitionnistes les Noirs s'impatientent, les grèves se multiplient

1843 — 8 février – Terrible tremblement de terre à la Pointe-à-Pitre faisant un grand nombre de victimes

1843 — Arrivée en métropole de nouvelles puissances sucrières avec le développement du sucre de betterave. En Guadeloupe les ventes d'habitations se multiplient. L'implantation d'usines de transformation de la canne prive les planteurs des ressources de l'industrie sucrière et dans le même temps l'abolition de la traite les prive de la main d'œuvre des esclaves.

1848 — 27 avril – Victor Schœlcher, nommé par Lamartine président de la commission d'abolition de l'esclavage, est l'initiateur du décret du 27 avril 1848 abolissant définitivement l'esclavage en France. Par ce décret la IIème République abolit l'esclavage dans les colonies

1849 — Dernier navire négrier français soupçonné : le Tourville aurait débarqué des esclaves au Brésil

1849 — 30 avril – Le parlement fixe pour l'ensemble des colonies un système d'indemnisation.

1852 — Février – Premiers décrets français pour le recrutement de travailleurs libres sur contrats en Afrique puis en Inde, pour les colonies caraïbes

1861 — Fin de « l'exclusif colonial » [36] mis en place dès le début de la colonisation au profit de l'économie de la France et ce malgré la revendication constante des colons pour la liberté du commerce.

1863
1865 — La fin de la guerre de Sécession aboutit à l'abolition fédérale de l'esclavage aux Etats-Unis

1866 — Décret espagnol interdisant la traite négrière

1870 — Crise économique et cataclysme affaiblissent le milieu colonial des sucriers. Les organismes de crédit récupèrent les terres des colons endettés. Beaucoup de retours en métropole à partir de cette période

1873 — Abolition de l'esclavage dans la colonie espagnole de Porto-Rico

Indemnité coloniale en Guadeloupe

Le décret du 27 avril 1848 abolit l'esclavage dans toutes les colonies et possessions françaises. Dans son préambule, il proclame que l'esclavage est un attentat contre la

---

36 L'Exclusif colonial régit les échanges commerciaux entre les colonies et la France à partir du XVIème siècle. Tout ce que la colonie produit doit être exporté vers la métropole et tout ce que la colonie importe doit venir de la métropole ou être transporté par des bateaux français.

dignité humaine et une violation flagrante du dogme républicain : Liberté, Égalité, Fraternité. Ce décret fixe aussi le principe de l'indemnisation et laisse prudemment au Parlement le soin de fixer la quotité de l'indemnité qui devra être accordée aux colons.

Par la loi du 30 avril 1849, le parlement fixe pour l'ensemble des colonies un système d'indemnisation composé, d'une part, d'une indemnité de 6 millions de Francs payable immédiatement et, d'autre part, d'une rente annuelle de 6 millions de francs versée pendant 20 annuités soit 120 millions au total. Le parlement poursuit ainsi un objectif à la fois de cohésion sociale et d'équilibre économique. Pour les territoires de la Guadeloupe, Martinique et Réunion, il impose la création d'une banque de prêt et d'escompte dotée en capital par le prélèvement du huitième de la rente attribuée aux propriétaires ayant reçu plus de 1 000 francs d'indemnité. Ce prélèvement prend pour eux la forme d'actions de la future banque.

Les montants globaux des indemnités fixées par la loi sont répartis par décret dans les différents territoires concernés : Martinique, Guadeloupe et dépendances, Réunion, Guyane française, Sénégal et dépendances, et Nossi-Bé et Sainte-Marie. Cette répartition ne se fait pas en proportion du nombre d'esclaves recensés dans chacun des territoires mais vraisemblablement selon le nombre et la valeur vénale des esclaves. L'indemnité représente environ 40% de cette valeur.

La Guadeloupe obtient pour chacune des indemnités en numéraire et capital 1,95 millions de francs, soit 32,5% du montant total fixé par la loi, pour environ mille à deux mille *habitations* [37] faisant travailler 87 087 esclaves, soit 35,1% du nombre total d'esclaves de l'ensemble des colonies. Ainsi un ancien propriétaire est indemnisé pour un esclave par le versement immédiat de 22,35 francs et par une rente de 20 fois 22,35 francs soit au total 469,35 francs dont 55,85 francs payés en action de la banque coloniale de Guadeloupe.

Indemnisés pour l'essentiel en rentes 20 fois 5%, les propriétaires peuvent préférer monnayer leurs titres de rente, plutôt que de recevoir une rente annuelle. Les petits propriétaires ont des besoins importants de trésorerie ; ils doivent maintenant payer des salaires et moderniser leurs exploitations. Ils sont donc souvent dans l'obligation de négocier leurs certificats de liquidation. [38]

---

37 Une *« habitation »* est une exploitation agricole et manufacturière qui cultive, récolte, et transforme essentiellement sucre et café. Le sucre est cependant la production dominante de la Guadeloupe. A partir de 1848 des usines s'installent et, progressivement, reprennent la totalité de la fabrication du sucre.

38 L'examen du répertoire des actes du notaire Auguste Thionville à Pointe à Pitre, montre à partir de 1850 un grand nombre de transactions de ce type. (DPPC NOT GUA REP 38).

Loi mémorielle du 21 mai 2001

Loi n° 2001-434 du 21 mai 2001 tendant à la reconnaissance de la traite et de l'esclavage en tant que crime contre l'humanité.

Article 1er : La République française reconnaît que la traite négrière transatlantique ainsi que la traite dans l'océan Indien d'une part, et l'esclavage d'autre part, perpétrés à partir du XVème siècle, aux Amériques et aux Caraïbes, dans l'océan Indien et en Europe contre les populations africaines, amérindiennes, malgaches et indiennes constituent un crime contre l'humanité.

Article 2 : Les programmes scolaires et les programmes de recherche en histoire et en sciences humaines accorderont à la traite négrière et à l'esclavage la place conséquente qu'ils méritent. La coopération qui permettra de mettre en articulation les archives écrites disponibles en Europe avec les sources orales et les connaissances archéologiques accumulées en Afrique, dans les Amériques, aux Caraïbes et dans tous les autres territoires ayant connu l'esclavage sera encouragée et favorisée.

Article 3 : Une requête en reconnaissance de la traite négrière transatlantique ainsi que de la traite dans l'océan Indien et de l'esclavage comme crime contre l'humanité sera introduite auprès du Conseil de l'Europe, des organisations internationales et de l'Organisation des Nations unies. Cette requête visera également la recherche d'une date commune au plan international pour commémorer l'abolition de la traite négrière et de l'esclavage, sans préjudice des dates commémoratives propres à chacun des départements d'outre-mer.

7. Migrer pour fuir la misère

Durant la période 1800-1850 les Cestia sont présents dans les îles de Guadeloupe et de Porto Rico, aux Etats-Unis en Louisiane, et en France métropolitaine principalement à Nay dans les Pyrénées-Atlantiques, dans le Gers et dans les Hautes-Pyrénées.

Plus de 200 personnes [39] ont porté ce patronyme entre 1800 et 1850 soit quasiment le même nombre que pour la période suivante 1850 à 1900

Les diverses migrations entre 1800 et 1850

Pendant la période 1800-1850 on observe différentes migrations, des migrations intérieures qui peuvent être professionnelles, mais aussi des migrations vers des destinations lointaines, migrations de conquête sociale ou de réussite économique.

Ces mouvements interviennent dans un contexte de transformation importante de la société. En France et en Europe, la *« révolution industrielle »* du XIXème siècle fait basculer une société à dominante agraire et artisanale vers une société commerciale

---

Extraits des articles de Jean Baptiste Noe publiés par journal L'Opinion en juillet 2017

« Louis-Philippe s'enthousiasme pour la Révolution, du moins celle de 1789-1792, pas celle de 1793. Il adhère à cette soif de liberté, à cette modernisation du royaume, à cette évolution vers une monarchie parlementaire. Il n'est pas loin, d'ailleurs, d'avoir les mêmes idées que Louis XVI. Le roi a voulu, avec Turgot, faire payer les nobles et abolir les privilèges. Ceux-ci s'y sont opposés en bloquant les parlements. Finalement, la réforme fiscale s'opère par la force durant l'été 1789. Ce sont des nobles qui, le 4 août, montent à la tribune de l'Assemblée pour demander l'abolition des privilèges. La Rochefoucauld, Noailles et le duc d'Aiguillon, les trois plus grandes fortunes du royaume, bien plus fortunées que le roi, s'exaltent en ce soir d'août et font voter l'abolition des privilèges. »

« Dans ce libre commerce défendu par les penseurs libéraux émerge l'idée de la confiance à l'égard des hommes. C'est une anthropologie fondée sur l'ordre spontané, c'est-à-dire sur le fait qu'en laissant faire les gens, ceux-ci aboutissent à mettre en place une société juste et harmonieuse, tournée vers le bien commun. À l'inverse, les penseurs socialistes sont adeptes du constructivisme. Ils pensent la société idéale, telle qu'elle devrait être selon leurs vues, et ils font tout pour l'appliquer aux autres, en dépit de leurs refus ou de leurs adhésions. Cette confiance dans l'homme, cette croyance dans l'ordre spontané de la société aboutissent à créer une société de confiance, de paix et de liberté. C'est ainsi qu'à rebours de beaucoup de leurs contemporains, les libéraux se sont engagés dans l'édification de mouvements pacifistes et pour l'abolition de l'esclavage. »

---

39 Il s'agit d'un recensement que l'on pourrait appeler « recensement glissant » puisqu'il est égal pour une période au nombre de personnes nées avant la fin de la période et décédées après le début de la période. Ce qui est différent du dénombrement à des dates successives donné en page 13

et industrielle. Cette révolution trouve son origine dans les découvertes et les innovations qui permettent une croissance économique sans précédent, stimulée par le progrès des transports ferroviaires qui modifie les relations commerciales et le mode de vie. La politique libérale de la monarchie de juillet (1830-1848) accompagne favorablement cette évolution.

Les observations faites dans les paragraphes qui suivent ne sont pas sans lien avec cette transformation de la société. Les Cestia se déplacent, vont s'installer dans un village voisin, abandonnent leur métier agricole ou embarquent vers l'Amérique ou les Caraïbes. Ils participent ainsi au progrès économique.

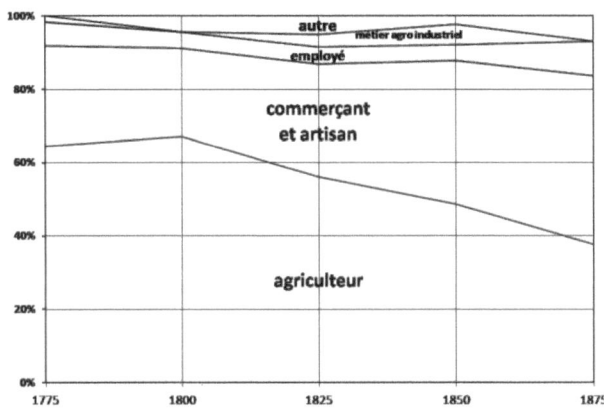

Ces migrations se traduisent par un changement de profession [40]. Le changement de métier est de fait un indicateur de la transformation de la société. Le graphique ci-contre présente l'évolution de 1775 à 1875 des métiers exercés par les porteurs du patronyme Cestia et de ses variantes.

Dans ce graphique la désignation agriculteur regroupe les métiers de cultivateur, propriétaire, brassier, journalier, laboureur, métayer, vigneron. La catégorie commerçant et artisan désigne une grande variété de métiers tel que boucher, boulanger, cafetier, charcutier, charpentier, cordonnier etc. La catégorie métier agro-industriel concerne les métiers des colons des îles en lien avec la production de sucre par des esclaves, comme habitant, gérant d'habitation ou négociant.

En 50 ans, c'est 20% de la population qui abandonne les métiers de l'agriculture et en 1850 c'est environ 5% de cette même population de Cestia (100 personnes) qui s'oriente vers la pratique de l'esclavage. Cette statistique concerne certes uniquement les porteurs du nom de famille Cestia et de ses variantes, mais l'on peut cependant considérer que cette mesure donne une indication sur l'évolution de la structure professionnelle de la société bigourdane. En effet, il semble difficile d'admettre qu'un nom patronymique puisse induire un comportement spécifique.

---

40 La profession est retranscrite dans les divers documents qui nous sont parvenus, état-civil, acte notariés, recensement, etc.

Les migrations observées sont des migrations professionnelles, aller vers la ville pour sortir de sa condition de paysan, mais aussi des migrations que l'on peut qualifier d'entrepreneuriales, migrations de conquête sociale ou de réussite économique, accepter de partir loin pour faire fortune rapidement, et aussi le plus souvent migrations tout à la fois entrepreneuriales et professionnelles.

Les migrations internes au département concernent les villes et villages de la Bigorre jusqu'au sud du Gers.

Les migrations vers des horizons plus lointains, concernent l'Argentine notamment Buenos-Aires, la Louisiane et en particulier la région de la Nouvelle-Orléans, l'Uruguay et plus particulièrement Montevideo, les îles de Guadeloupe et de Porto-Rico. Les migrations vers les îles des Caraïbes sont beaucoup moins connues que celles vers l'Amérique du sud.

On observe que si les départs vers l'Amérique font partis de l'histoire assumée et revendiquée de la Bigorre, encore aujourd'hui célébrée par des échanges culturels entre Bigorre et Amérique, les départs vers les îles ne font l'objet, à travers des manifestations mémorielles ou culturelles, d'aucun témoignage de l'histoire esclavagiste de la Bigorre pourtant certainement bien réelle.

J'observe aussi que depuis plus de deux siècles les philosophes des Lumières qui ont inspiré les valeurs de notre Révolution française, continuent encore aujourd'hui de transformer la pensée et les lois de notre société : vote des femmes, lois sur la parité, débat sur les avantages fiscaux des députés, etc. La morale collectivement admise évolue donc lentement.

Ainsi Victor Schœlcher (journaliste franc-maçon au Grand Orient de France, écrivain et homme politique) qui, en 1840, a été un ardent défenseur de l'abolition, et qui, en 1848, fit voter la loi de l'abolition, ne disait-il pas en 1830 « les nègres, sortis des mains de leurs maîtres avec l'ignorance et tous les vices de l'esclavage, ne seraient bons à rien, ni pour la société ni pour eux-mêmes » [41].

Comment douter que ce qui est aujourd'hui le consensus des valeurs morales de notre société qui fondent la loi, n'est le résultat que d'une lente évolution, lorsque l'on observe notamment aussi, que Voltaire et Rousseau n'étaient pas favorables à l'éducation des humbles. Voltaire – Philosophe des lumières ! – disait : *« N'instruisez pas l'enfant du villageois, car il ne lui convient pas d'être instruit. »*.[42]

Il me semble donc clair que les Cestia qui ont vécu en Guadeloupe au XIXème siècle et qui ont pratiqué l'esclavage ne sont pas, bien évidemment, les responsables du

---

41 « Revue de Paris », Journal critique politique et littéraire, 1830, page 82.

42 Emanuel Le Roy Ladurie, « Les paysans français d'Ancien Régime », 2015, Edition du Seuil. page 202.

système esclavagiste. Ils ont vécu dans une société qui n'avait pas au XIXème siècle le même consensus de valeurs que celles qui nous animent aujourd'hui.

On ne peut donc que constater le paradoxe entre la loi de 2001 qui caractérise, sans appel possible, les agissements des colons comme des « crimes contre l'humanité », et les lois applicables jusqu'en 1848 qui autorisaient les dits colons à pratiquer l'esclavage.

Robert Badinter dans l'émission « Secrets d'Histoire Louis XIV, l'homme et le Roi » diffusée le 14 novembre 2017 à 21h00 avec Stéphane Bern, déclare à propos de l'esclavage à l'époque de louis XIV : « Le Code noir légalise l'infamie d'un système. Il ne faut pas regarder cela avec les codes juridiques de notre temps. Il faut prendre la mesure du siècle de Louis XIV pour juger Louis XIV. »

Ainsi il me semble juste de laisser aux historiens, et à eux seuls, la responsabilité d'accorder ou non, aux colons ayant pratiqué l'esclavage dans le respect des lois de l'époque, les circonstances atténuantes du jugement de l'Histoire. Ce jugement ne peut, à mon sens, qu'être circonstancié selon les lieux, les rôles joués et les époques.

Il est certain que toute la population blanche de l'Île de cette époque est, de fait, impliquée dans l'esclavage, douloureuse plaie de notre histoire de France, douleur qui aujourd'hui encore est ressentie par ceux qui sont descendants d'esclaves.

Cette période de notre Histoire de France a été pendant longtemps un sujet tabou, y compris dans les familles concernées. La loi de 2001 encourage fort judicieusement les historiens à étudier le délicat sujet de l'esclavage, même s'il faut bien admettre que ce n'est pas à la loi de dire ce que les historiens ont à faire. Il faut aussi être parfaitement conscient que si les sources historiques sont nombreuses concernant les Blancs, elles le sont beaucoup moins concernant les populations esclaves.

Si j'ai décidé de ne pas cacher les récits qui suivent et qui concernent aussi mes propres ancêtres, c'est parce que je pense que les descendants de colons ne sont en rien responsables des agissements de leurs ancêtres, et que pour cette raison, même dans le contexte de ce passé très critiquable, le ressentiment des Noirs descendants d'esclaves vis-à-vis des descendants de colons n'a pas de raison d'être. Il me semble donc que sans passion et sans colère, les faits doivent être examinés et racontés.

8. De 1800 à 1850, sortir de la misère

Trois frères et une sœur en Guadeloupe

Lorsqu'en 1800 Jean Cestia, âgé de 28 ans, épouse Catherine Marie Burgues à Louit, il n'était pas, comme le sera sa descendance, un homme ayant déjà réussi dans le commerce, ou ayant parcouru le monde. Il était simplement le cinquième d'une fratrie de 5 enfants, agriculteur comme son père et son grand-père.

Jean Cestia et Catherine Marie Burgues ont 11 enfants. Les deux premiers à partir de cette fratrie de 11 enfants dont 8 seulement atteignent l'âge adulte, sont Philippe dit Baylou n°4 et Pierre le n°6, puis presque 10 ans plus tard en 1843, Philippe dit Bernard n°7 et sa sœur également prénommée Philippe n°11 et dernière née de la fratrie.

En ce début du XIXème siècle, l'essor technologique et économique s'installe et, à partir de 1830, se poursuit par les effets de la politique libérale de la monarchie de juillet. Cet essor économique, et plus localement le bouche à oreille qui fonctionne bien, font apparaitre les murs de Louit bien trop étroits pour loger les ambitions des enfants de Jean et Catherine Cestia. L'appel des îles est fort. On sait que certains y réussissent. Les enfants de Jean Cestia savent aussi que, Pierre et Martial, les frères de leur tante Jeanne Fabares se sont installés en Guadeloupe où ils exploitent l'habitation Dadons de Victorine Aline Dadons l'épouse de Martial Fabares. Autant de bonnes raisons familiales de décider de partir, alors que la société de l'époque n'a pas, comme la société d'aujourd'hui, pris conscience de son crime qu'est l'esclavage pratiqué dans les îles.

Bertrand Cestia

Bertrand Cestia (1805-1876), le second d'une fratrie de 9 enfants, est né à Vic-en-Bigorre petite ville située à environ 20 km au nord de Tarbes. Son père et son grand-père sont de Beccas dans le Gers à un peu plus de 10 km de Vic. A la suite de leur mariage, ses parents s'installent à Vic. La tante de Bertrand, Marie Cestia est l'épouse de Jean Despalanques, un négociant à Pointe-à-Pitre qui fonde, vers 1820, la société « *Despalanques et Cie* », société de commerce entre Bordeaux et Pointe-à-Pitre [43]. Un commerce étroitement lié à l'industrie agro-

---

43 Jusqu'en 1860, les « habitants » cultivent la canne et fabriquent le sucre qu'ils vendent sur place à des « négociants » qui transportent et revendent le sucre à Bordeaux. Les négociants importent dans l'île outils, vins, cognacs, vinaigres, fromage, confection pour les esclaves, maïs, farines et surtout morues.

alimentaire sucrière : exportation de sucre et importation des produits nécessaires à cette industrie.

Très jeune, Bertrand Cestia préfère le commerce international de son oncle à la boucherie paternelle. Il migre en 1825 donc vers la Guadeloupe. Il est ainsi, selon les sources consultées [44], le premier porteur du nom Cestia à s'installer dans l'île où il retrouve son cousin germain Bertrand Carrere, chapelier à Pointe-à-Pitre. Mais il retrouve aussi d'autres compatriotes ayant migré avant lui vers la Guadeloupe, ainsi que ceux qui, lors de la révolte des Noirs, ont fui Saint-Domingue pour se réfugier en Guadeloupe [45].

En Guadeloupe Bertrand Cestia travaille avec son oncle Despalanques et devient rapidement son associé, puis la compagnie est élargie avec l'entrée de Joseph Bordere beau-frère de Bertrand Cestia dit *« l'ainé »*, car il a un frère nommé aussi Bertrand dit *« le cadet »*. Bertrand Cestia, crée ensuite sa propre société de négoce avec Nantes (Homberg et Homberg frères) ou Marseille.

En Guadeloupe, à cette époque, il y avait aussi Jean Brescon, un compatriote originaire de Labatut-Rivière situé à 20 km au nord de Vic-en-Bigorre, qui, à la fin de sa vie, possédait le château de St Aunis à Vic-en-Bigorre, château qu'il avait acheté pour sa retraite en France. Jean Brescon possédait sur l'île une grosse habitation sucrière *« La Lézarde »* de 140 esclaves. [46]. Il meurt en avril 1826, célibataire sans enfants. Ses héritiers sont ses 3 frères, ses 3 sœurs et ses 4 neveux. Le défunt ayant fait un testament qui favorise deux de ses frères, Pujo un des beaux-frères de Bertrand Cestia, mandaté par les héritiers non portés sur le testament, a engagé une action en justice pour le contester.

Mais les 4 et 5 janvier 1827 un accord amiable est trouvé sur place entre les héritiers lors d'une réunion de 2 jours tenue *« par triples vacations journalières pour accélérer, sans autres interruptions que celles du repos et du sommeil. »*. On procède aussi à la mise à jour de l'inventaire de l'habitation la Lézarde, inventaire où il est précisé qu'

---

44 Les actes notariés de la Guadeloupe disponibles aux Archives Nationales d'Outre-mer (ANOM) à Aix en Provence m'ont donné un grand nombre d'informations concernant les transactions commerciales des Cestia en Guadeloupe au XIXème siècle. J'ai pu constater pour les périodes antérieures l'absence de Cestia dans ces archives.

45 Au XVIIIème siècle pour des raisons économiques, les Bigourdans sont surtout attirés par Saint-Domingue, puis début XIX° par la Guadeloupe. Suite aux révoltes violentes des Noirs à Saint Domingue nombre de Bigourdans (bourgeoisie et noblesse) passent de Saint-Domingue à la Guadeloupe à la fin du XVIII° siècle. Cf. Revue d'histoire de l'Amérique française Roger Massio, Professeur au Collège de Vic-en-Bigorre (Hautes-Pyrénées).

46 Le nombre d'esclaves caractérise l'importance d'une habitation. En moyenne en 1830 une habitation a 79 esclaves. Selon C Schnakenbourg, « La crise du système esclavagiste 1835-1847 », page 22

« *une vache et une génisse consommée pour le repas à la présente opération* » sont en déficit de l'inventaire.[47]

Le testament du défunt accordait 2 parts chacun à son frère Jean-Baptiste de Paris et à son autre frère Bertrand dit Bernard. Finalement les héritiers s'accordent à recevoir chacun 1/7 du château de St Aunis et du produit de la vente de l'habitation, et abandonnent le bénéfice de la succession de leurs parents de Labatut-Rivière aux frères Jean-Baptiste et Bertrand visé par le testament. Il est convenu que l'habitation sucrière sera administrée jusqu'à sa vente par Bertrand Cestia et François Servient.

L'inventaire du 9 mai 1826 est mis à jour. On constate donc que 12 esclaves estimés à 10 507 Francs en marronnage [48] lors du précédent inventaire sont revenus, et que 13 esclaves sont partis depuis en marronnage.

Pour trouver cet accord, 5 des 10 héritiers ont fait le voyage jusqu'en Guadeloupe : Jean-Baptiste est venu de Paris, Jeanne et Jeanne-Marie sont venues du pays natal accompagnées par leurs deux nièces qui dans la succession représentent Marie épouse Laffargue décédée.

Les 4 et 5 janvier sont donc réunis à la Lézarde pour sceller ces accords pendant deux jours entiers pas moins de 14 personnes :

- en tant qu'experts deux négociants Pierre Desbordes et Bertrand Cestia. Ce dernier est mandaté par deux héritiers Pierre et Bertrand dit Bernard
- Jeanne Brescon épouse Darré, héritière venue de Libaros (prés de Tarbes)
- Jeanne Marie Brescon épouse Lamarque nièce du défunt venue de Labatut-Rivière, situé à 10 km environ au nord de Vic-en-Bigorre.
- Jeanne Lafargue épouse Bonnet nièce du défunt venue d'Aurièbat commune qui jouxte celle de Labatut-Rivière
- Jean-Baptiste Brescon fils mandaté par Jean Brescon le frère du défunt
- Pascal Pujo a embarqué à Bordeaux pour la Guadeloupe le 26 octobre 1826. Il est mandaté par Marie Brescon épouse Dubeau, sœur du défunt, et par Bernard et Anne Laffargue neveu et nièce du défunt,
- Etienne Richaud curateur aux successions vacantes,
- M. Servient mandataire de l'exécuteur testamentaire,
- Raveil de Fougères, R. Ageville et Felix Lecurieux experts,
- Les notaires Moirtin et Cotin.

---

47 Voir sur genea-cestia.fr la retranscription de l'acte complet référencé : 1827-3 Succession Brescon - récolement de l'inventaire et divers accords.

48 Marronnage : état d'un esclave marron, c'est-à-dire qui a repris sa liberté en s'enfuyant.

L'affaire du brick l'Éclair

La Guadeloupe est loin du pays natal, il faut 6 à 8 semaines pour rejoindre Bordeaux. Ainsi de son arrivée en 1825 - il avait 20 ans - à 1836, son retour, Bertrand Cestia reste en Guadeloupe vraisemblablement sans jamais revenir chez lui. Mais les contacts par lettre sont fréquents, notamment pour les affaires, [49] mais parfois aussi pour des bavardages ou tout simplement pour donner des nouvelles.

C'est ainsi qu'en 1828 une lettre de Bertrand Cestia à Despalanques évoque une affaire de traite négrière [50]. Dans cette lettre Bertrand Cestia évoque ce qu'il savait de l'expédition ; « le brick l'Éclair avec 25 hommes d'équipage doit ramener 350 esclaves, précédemment 312 esclaves avaient été traités en quinze jours, 110 autres même en cinq jours ! »

Un historien local, Roger Massio, a, un peu hâtivement sur la base de cette correspondance, rendu Bertrand Cestia responsable de cette expédition. Ce qui n'est absolument pas le cas au vu des archives judiciaires [51] qui nous

---

Lettre de Pujo à Bertrand CESTIA

Bordeaux 5 août 1834

Mon cher beau-frère,

Enfin le pégase va partir, il lève son foc ce soir, je vous confirme ma lettre du 10 juillet par ce navire et celle du 1er courant par l'Europe ; je suis toujours sans avoir reçu l'expédition de l'acte de la jouissance de Mr Massignac, ce retard provient du receveur de l'enregistrement sitôt en ma possession je profiterai de la première occasion pour vous l'adresser.

Les prix sont toujours très calme 63,50 f La bonne, les cafés de Guadeloupe de 1.30 à 1.55 suivant leur qualité. Les cotes du havre ne sont pas plus avantageuses.

Depuis bien longtemps Mr Cestia Baylou [Philippe Cestia dit Baylou] nous doit 102,02 F et Carrere depuis 4 à 5 ans 143,25 francs. Veuillez prier ces Messieurs de nous remettre ces deux sommes ; J'ai écrit à Monsieur Cestia Baylou à cet effet ; quant à notre cousin on lui a écrit plusieurs fois en conséquence, nos lettres ont toujours été sans réponse.

Monsieur notre Père s'est tout à fait retiré à St Aunis, il est décidé je crois de céder ses chaudières à Borderes, nos sucres sont toujours invendus de par leur mauvaise qualité, je vais encore attendre dans l'espoir d'une augmentation pour plus tard ; nous allons y boire un bouillon fort amer il présente dans ce moment plus de 3000 de pertes

---

49 La plus grande partie des archives épistolaires de Bertrand Cestia ont disparu dans un incendie. Mais Roger Massio, historien local, a pu avant l'incendie en consulter quelques unes.

50 Jusqu'en 1831, la traite négrière bien qu'interdite était pratiquée avec la passivité complice des autorités. Mais parfois cela tournait mal ...

51 Ledru Rollin, « *Journal du Palais Jurisprudence française* », tome XXIII 1830-1831, pages 1311 à 1314 et éditions Patuis Dalloz, « Jurisprudence générale du Royaume », 1832, page 144.

apprennent que cette affaire a fini devant les tribunaux après la capture du navire « L'éclair ». Un vice dans la procédure a évité à l'organisateur de l'expédition, un certain Morand, armateur de l'expédition et négociant de Port-Louis, d'être condamné.

Les affaires avec les Cestia

En février 1831, Bertrand Cestia est en affaire avec Pierre Cestia au sujet d'une habitation dite *« Champ d'Asile »* acquise par ce dernier en mars 1830, habitation située en la commune de Sainte-Rose.

« Champ d'Asile » De quoi s'agit-il ? Voici ce qu'en écrit Pierre Larousse : A la deuxième rentrée de Louis XVIII (après Waterloo, 18 juin 1815), beaucoup de Français, poursuivis par une réaction implacable, se réfugièrent aux États-Unis, où il leur fut accordé 100 000 acres de terrain sur le golfe du Mexique, entre les rivières del Norte et de la Trinité, pour y fonder une colonie. Ce lieu de refuge, cet établissement de proscrits, reçut le nom de *« Champ d'Asile »*. L'habitation de Sainte Rose pourrait avoir un lien avec celle des États-Unis. [52]

La vente en Guadeloupe de cette habitation aussi appelée Champ d'Asile de Bachelier à Pierre Cestia ne mentionne aucun esclave. Or, pour exploiter cette habitation de production de café de 168 carrés (environ 160 ha), il faut à cette époque des esclaves ; aucune autre main d'œuvre n'est disponible, comme l'explique Christian Schnackenbourg (Docteur en droit et Sciences économiques) *« L'esclavage devient le mode unique de production aux Antilles entre 1660 et 1680, à l'occasion de la « révolution sucrière » et il le demeure jusqu'en 1848. Dans une économie manufacturière, très peu mécanisée, comme celle de la Guadeloupe avant le milieu du XIXème siècle, c'est en effet d'abord du nombre des hommes au travail que dépend essentiellement le volume de la production. »* [53]

Depuis l'arrêt de la traite négrière les esclaves manquent en Guadeloupe notamment dans les habitations sucrières et leur prix augmente. Ce qui conduit les propriétaires d'habitations de café ou cacao à vendre leurs esclaves aux plus offrants. Le *« Champ d'Asile »* a donc dû être dépouillé de ses esclaves avant d'être vendu [54] au jeune Pierre Cestia (17 ans) fraichement débarqué en Guadeloupe, mais qui a sans doute déjà une idée en tête concoctée avec Bertrand Cestia. (Voir « L'affaire du brick l'Éclair » page 69).

---

52 Selon un article de *« Généalogies et Histoire des Caraïbes »* ce nom de *« Champ d'Asile »* pourrait avoir un lien avec le domaine *« Champ d'Asile »* du Texas. (Voir Bulletin 10/86 Généalogie Histoire des Caraïbes).

53 Christian Schnakenbourg, « La crise du système esclavagiste 1835-1847 », 1980, L'Harmattan, page 46.

54 L'habitation Champ d'Asile (160 ha) est vendue pour le prix de 50 270 francs dont payable comptant 5 406 francs.

En effet, en février 1831 Pierre et Bertrand Cestia et Jean-Baptiste Jammes (docteur en médecine) se retrouvent chez le notaire Bornet à Pointe-à-Pitre pour la vente à Bertrand Cestia et J.B. Jammes par Pierre Cestia des trois quart de l'habitation achetée un peu plus tôt, et pour la création d'une société détenue à hauteur d'un quart par Pierre Cestia et le reste à parts égales entre les deux autres associés, société dont les mandataires sont Bertrand Cestia et J.B. Jammes. L'acte ne précise pas l'objet de la société, mais on peut facilement imaginer qu'il s'agit d'une structure pour remettre en exploitation cette habitation avec des esclaves

Jean-Baptiste Jammes, originaire d'Orthez, deviendra plus tard le maire de Goyave une commune de Guadeloupe, et surtout le grand-père du célèbre poète Francis Jammes. Jean-Baptiste Jammes est inhumé en 1857 sur l'habitation Champ d'Asile de Sainte-Rose.

Mais cette association, conclue en février 1831, ne durera pas. En juillet de la même année les mêmes se retrouvent devant un notaire de Pointe-à-Pitre pour résilier le précédent contrat moyennant une indemnité de 5 406 francs versée à Pierre Cestia. Le jeune Pierre Cestia se retrouve alors le seul propriétaire d'un domaine de 190 ha avec des échéances de paiements sur plusieurs années. A son tour il résilie donc en avril 1832 la vente par laquelle il était devenu propriétaire.

Le retour au pays

En 1832 Bertrand Cestia, 30 ans, commence à préparer sa retraite et son retour au pays. Il affranchit son esclave Zabeth 63 ans et s'engage, comme l'exige la loi, à subvenir à ses besoins.

Puis il achète, en 1833, aux héritiers de Jean Brescon décédé à la Guadeloupe en 1826, le domaine de Saint-Aunis à Vic-en-Bigorre (dit aujourd'hui le château de Saint Aunis).

Il n'occupe pas tout de suite cette belle et grande demeure entourée d'un vaste domaine agricole de terres généreuses. Cependant son beau-frère y séjourne en 1834, avant de s'embarquer pour l'Amérique. Il écrit alors à Bertrand Cestia : « *Je suis descendu chez vous, à Saint-Aunis, où j'admirais avec bien du plaisir cette belle propriété. Vous y avez le plus beau maïs de toute la Bigorre, vous en aurez de 150 à 200 hectolitres* [55] ; *il y aura même assez de vin malgré la gelée* ».

En 1836, Bertrand Cestia, après 10 ans passés aux îles, rentre à Vic-en-Bigorre. En 1854, à 48 ans, il devient maire de la commune de Pujo située à 5 km au sud de Vic à proximité immédiate de sa demeure de St Aunis dont le domaine chevauche les deux communes. En mars 1859, Bertrand Cestia, le fils du boucher de Vic, est devenu

---

55 La culture du maïs se développe dans les Hautes-Pyrénées à dater de 1830, alors que cette culture, introduite au XVIIIème siècle était restée stationnaire jusqu'alors.

un notable ; il est admis à la société académique des Hautes-Pyrénées proposé comme membre résident par deux membres de ladite société. Il reste le maire de sa commune pendant 20 ans.

Pierre Cestia

Pierre à 17 ans, et Philippe son frère à 24 ans, sont vraisemblablement partis ensemble vers 1830. Dés son arrivé il s'engage dans un projet d'association avec Bertrand Cestia de Vic et Jean-Baptiste Jammes qui finalement échouera (voir « Les affaires avec les Cestia » page 70) mais qui permettra à Pierre Cestia d'être dédommagé de 5 400 francs. Une belle somme qui représente plus de 10% du prix d'achat d'un domaine de 160 ha. La rupture de cet accord qui, compte tenu du montant de l'indemnité, résulte très certainement d'un manquement grave, est possiblement liée à l'absence des esclaves nécessaires à l'exploitation de ce domaine.

En mars 1847, les trois frères Philippe Baylou, gérant d'habitation et propriétaire, demeurant en la commune du Port Louis, Philippe dit Bernard, gérant d'habitation demeurant aussi en la commune du Port Louis, et Pierre, aussi gérant demeurant en la même commune, sont chez leur notaire Alexis Lemoine Maudet à Port Louis. Ils confient à un mandataire Madame Veuve Guillemat née Demoiselle Ducos propriétaire, demeurant à Tarbes la gestion des 3/8 des biens de leurs parents qui leurs reviennent en héritage.

Philippe Cestia dit Baylou

Philippe Baylou, arrivé sur l'Île de Guadeloupe en 1830, est d'abord commerçant jusqu'à son mariage avec Marie Anne Zeline Dumornay en juin 1836. Marie Anne Zeline Dumornay Matignon est née en Guadeloupe ; elle est fille d'un colon et veuve sans enfant.

En 1836, « Baylou » comme on l'appelle alors, est déjà un petit propriétaire bien établi ce qui lui permet de racheter indirectement à son épouse l'héritage de 10 000 Francs qu'elle tient de sa tante Sophie et dont elle doit se séparer pour éponger des dettes. Pierre Fabares de Louit aide Philippe à assainir la situation financière. Pierre Fabares est le frère de Jeanne Fabares épouse de Martial Cestia oncle de Philippe de Louit. Il est habitant en Guadeloupe depuis déjà plusieurs années. Pierre Fabares achète l'héritage à Zéline évalué à 9 800 francs composé de divers bien mobiliers dont deux esclaves adultes évalué à 2 000 francs et d'une maison en bois d'un étage sur un terrain de 900 m² évaluée à 6 000 francs. Puis deux semaines plus tard, Pierre Fabares revend le tout au même prix à Philippe. Cette double transaction permet à son épouse de rembourser ses dettes et lui permet de devenir propriétaire des biens de son épouse.

Avec la petite habitation de son épouse, de 12 ans de plus que lui et veuve sans enfant, Philippe renoue alors avec son métier d'agriculteur. L'habitation située sur la commune de Port-Louis n'a que 25 ha de terre et seulement 3 jeunes esclaves de 14,

4 et 2 ans. La présence dans l'inventaire du contrat de mariage de deux esclaves de 2 et 4 ans semble en infraction avec la loi qui interdisait de séparer les enfants esclaves de leur mère avant l'âge de 14 ans.

Là encore le faible nombre d'esclaves par rapport aux surfaces de terre montre que l'habitation de son épouse a beaucoup souffert de la crise sucrière qui sévit alors, crise due à la surproduction, à l'augmentation du prix des esclaves et à la progression dans les populations serviles de l'idée d'abolition qui entraine une diminution de la productivité des esclaves.

En 1843, un tremblement de terre détruit presque totalement Pointe-à-Pitre situé à 30 km au sud de Port-Louis. Une épreuve qui vient s'ajouter aux difficultés déjà présentes.

En 1845, Philippe accepte la gestion des biens de Victor Jean Pierre Felix Victor Saux docteur médecin demeurant au bourg du Port-Louis, ce qui contribue à sa progression sociale et économique.

Ainsi, les affaires de Philippe progressent. Il emprunte de l'argent à Despalanques de Vic, ancien associé et oncle de Bertrand Cestia, et peut ainsi investir dans des esclaves. Il est aussi régisseur d'une grosse habitation sucrerie, dite St Pierre, de 280 ha détenue par Jean-Baptiste Philibert St Pierre originaire de Lamothe-Landerron en Gironde.

Au moment de l'abolition de l'esclavage, Philippe possède 23 esclaves qui lui permettent d'exploiter correctement l'habitation de son épouse. Pour la perte de ses esclaves il est indemnisé par l'état par une rente sur 20 ans (voir « Indemnité coloniale en Guadeloupe » page 59) dont la cession lui permet de rembourser à Despalanques sa dette de 4 400 francs et de percevoir le solde soit 5 000 francs. [56].

Au milieu du XIXème siècle les années de prospérité de la Guadeloupe se terminent. Beaucoup décident de rentrer au pays. Mais les Cestia de Louit semblent attachés à cette île et restent.

Ainsi, Jean-Baptiste Philibert de St Pierre dont Philippe est le régisseur de son habitation, rentre à Lamothe Landerron en Gironde. Il cherche donc un successeur pour la gestion de son habitation. C'est Philippe Cestia qui est choisi. Philippe conclut en janvier 1850 un bail à ferme au tiers brut des fruits pour 5 années entières et

---

56 Le 13 décembre 1850 à Pointe-à-Pitre en Guadeloupe, Philippe Cestia de Port-Louis donne en nantissement à Jean Despalanque de Vic en Bigorre, représenté par Bernard Bustigeat de Pointe-à-Pitre, la totalité de sa rente, soit 9 000 francs environ, obtenue pour l'émancipation le 27 mai 1848 de 23 esclaves. Tenant compte d'une dette de 4 400 francs contractée auprès de Despalanque il reçoit immédiatement en échange la somme de 5 000 francs. Philippe Cestia garde ses droits dans la Banque de Prêt et d'escompte à la Guadeloupe créée par prélèvement du huitième des rentes allouées.

consécutives à compter du 15 juillet 1849. La production annuelle de sucre brut est évaluée à 30 tonnes dont 10 reviennent donc au bailleur.

En 1854, lors de la succession de Pierre Fabares originaire de Louit, Philippe Cestia est désigné comme subrogé tuteur de Arthur Martial Pierre Charles Fabares, son « *neveu* »[57] fils de Martial Fabares. Le jeune Fabares est héritier de Pierre Fabares par représentation de son père Martial frère du défunt.

En 1855, Philippe meurt à Port-Louis sans descendance, âgé de 46 ans. Il laisse une épouse veuve pour la deuxième fois.

Philippe Cestia dit Bernard

Philippe Cestia dit Bernard (voir schéma de filiation ci-dessous) obtient un visa pour la Guadeloupe le 14 mars 1843 soit un mois après le tremblement de terre de Pointe-à-Pitre du 8 février 1843. Sans doute une coïncidence qui lui permettra dès son arrivée sur l'île d'aider son frère à réparer les dégâts.

Philippe dit Bernard ne reste pas très longtemps sur l'île et après le décès de son frère, il décide de rentrer au pays non sans avoir auparavant touché l'indemnité coloniale pour les quelques esclaves dans lesquels il avait investi pour travailler sur l'habitation de son frère jusqu'à l'abolition de l'esclavage en 1848.

Peu de temps après son retour il épouse, en novembre 1856 à Louit, Magdelaine Dortignac qui a 19 ans. Il a lui 41 ans…

En 1857 et 1864 naissent ses fils Honoré Jean Marie (mon AGP) et Auguste Sylvain.

Philippe Cestia, comme beaucoup de ceux qui revenaient des îles, devint un notable de sa commune. Officiellement il se déclare rentier lors des recensements de 1856 et 1861. Mais en 1866 il se déclare cultivateur comme l'étaient son père et son grand-père…les îles c'était déjà loin ! Elu maire de Louit en 1865, réélu en 1870, il le reste jusqu'à son décès en 1874.

Les Cestia de Louit dans les îles de Guadeloupe et Porto Rico

Pour réussir dans les affaires dans les îles, il faut s'appuyer sur un soutien de connaissances ou de la famille. Les Cestia peuvent compter sur le clan familial pour les aider à prospérer.

---

57 En fait Arthur Martial Pierre Charles Fabares est le neveu de Jeanne Fabares épouse de Martial Cestia oncle paternel de Philippe Cestia.

Philippe Cestia épouse Carrere

Si le prénom Philippe est aujourd'hui un prénom exclusivement masculin, il était, au XIXème siècle, aussi parfois donné aux filles.

Mademoiselle Philippe, dernière née d'une fratrie de 8 enfants au moment de sa naissance, sœur de Philippe dit Baylou, Philippe dit Bernard et Pierre, quitte avant ses 14 ans la maison familiale de Louit où les effets du passage aux îles de ses 3 frères ne se sont pas encore faits vraiment sentir. La Bigorre traditionnelle, c'est-à-dire hors effet immigration, est une région pauvre. Jean et Catherine Burgues ne sont certainement pas très riches. Demoiselle Philippe est donc vraisemblablement placée comme servante à un âge auquel beaucoup de filles partaient s'employer en ville. Et ainsi très jeune, avant ses 18 ans, elle se marie avec Jean Pierre Carrere, un forgeron.

Notre demoiselle Philippe n'a jamais vécu en Guadeloupe, mais on la rencontre, en avril 1840, alors qu'elle a 18 ans, chez un notaire à Port-Louis pour une transaction financière avec son cousin germain Pierre Cestia de Louit fils de Martial Cestia. Pierre est installé lui à Puerto-Rico et se trouve être de passage à ce moment là à Port-Louis en Guadeloupe.

Après le décès en 1847 de Jean Cestia, le père de notre Philippe Cestia, la maison de Louit est bien vide. La ferme familiale est exploitée par Emmanuel et sa sœur Catherine fils et fille de Jean Cestia toujours restés à Louit. Et lorsque survient le décès d'Emmanuel en juillet 1851, Philippe, son époux Jean Pierre Carrere et ses beaux-parents s'installent quelques temps à Louit avec Philippe son frère revenu alors de Guadeloupe. Après le mariage de son frère Philippe en novembre 1856, sa sœur laissera la maison de Louit à son frère et à sa jeune épouse Magdelaine Dortignac.

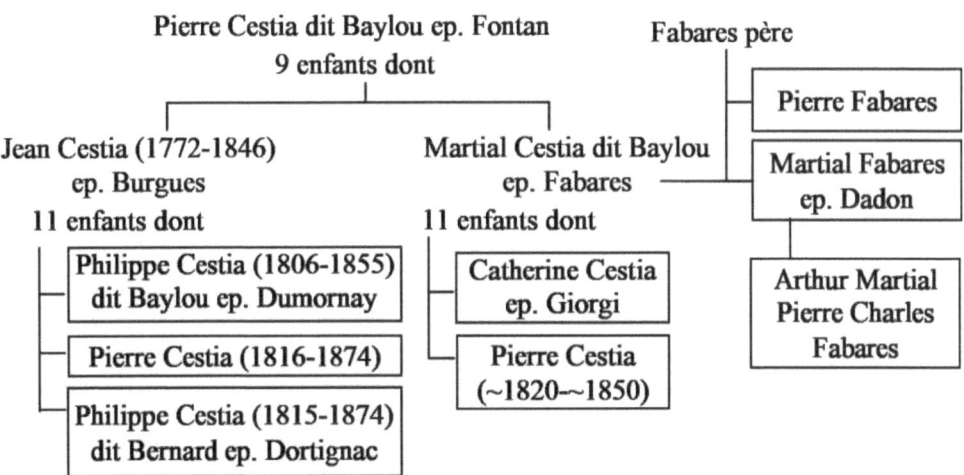

De 1800 à 1850, sortir de la misère

Catherine et Pierre Cestia

Catherine et Pierre Cestia sont fille et fils de Martial Cestia de Louit époux Fabares,

Pierre est le dernier né d'une fratrie de 11 enfants dont 10 atteindront l'âge adulte. Son père et son grand-père prénommés comme lui Pierre ont été l'un et l'autre maire de leur commune de Louit. Catherine la n°6, née en juillet 1805 est d'environ 10 ans l'ainée de Pierre.

Son père Martial était quelqu'un de robuste puisqu'il a atteint l'âge de 80 ans ce qui à l'époque était rare. Martial a su donner à ses enfants une solide éducation qui permettra à son fils Pierre de devenir médecin.

Pierre et Catherine sont attirés par les îles comme leurs cousins germains de Louit, Philippe Bailou, Philippe dit Bernard et Mlle Philippe, suivant ainsi l'exemple de leur oncle Fabares

Avant l'âge respectif de 25 et 35 ans, ils migrent vraisemblablement ensemble vers l'île de Porto-Rico où ils s'installent à Mayaguez situé à l'extrémité ouest de l'île.

De là, peu de temps après son arrivée à Mayaguez, Pierre se rend en Guadeloupe où il rencontre sa cousine Germaine Philippe de passage à Port-Louis, pour une transaction financière portant sur le *« transfert »*, on dirait aujourd'hui virement à son bénéfice, d'une somme d'argent de 13 000 gourdes, soit environ 16 000 francs de l'époque. C'est une somme d'argent importante puisque quelques années plus tôt son cousin Pierre avait pu acquérir pour 50 000 francs un domaine de 190 ha. Nous n'avons malheureusement pas trouvé à quel type d'accord entre les parties ce transfert d'argent correspond.

Le 31 août 1843 Pierre Cestia accompagne sa sœur Catherine à l'autel de l'église Notre Dame de la Chandelaire de la ville de Mayaguez à Porto-Rico pour son mariage avec Ange Toussaint Giorgi. Lui a 27 ans. Elle en a 38. Il est né en Corse à Farinole situé au nord de l'île à quelques kilomètres à l'ouest de Bastia.

Quelques années après le décès de ses deux parents, Catherine se rend à Louit son village natal avec son mari Ange Toussaint Giorgi pour régler la succession de ses parents. Pierre ne fait pas le voyage ; il est représenté par son beau-frère Giorgi.

Plus tard Ange Toussaint se retire dans son village natal en Corse avec Catherine qui y vivra jusqu'à l'âge de 70 ans.

Louis Cestia

Louis Cestia est né à Lescurry en 1836. Son père et son grand-père y sont agriculteurs ; ce sont les Cestia Coutillou de Lescurry. En 1853, à 17 ans Louis embarque pour la Guadeloupe. Je n'ai découvert le concernant aucune trace de son passage sur l'île dans les archives des notaires, ni aucun lien familial ou de voisinage avec des colons partis avant lui.

Dans la deuxième moitié du XIXème siècle après l'abolition, la réussite était difficile en Guadeloupe qui plus est sans appartenance à un clan familial ou d'affaires.

Louis Cestia qui alors habite à Saint-François, situé à l'extrémité est de Grande-Terre, meurt à 37 ans à Trois-Rivières situé à l'extrémité sud de Basse-Terre, dans la maison d'Adolphe Silver, loin de son domicile et de son village natal.

François Cestia

Le 8 septembre 1860, François Cestla, âgé de 17 ans, né à Lescurry et y exerçant la profession de cultivateur, a obtenu un visa accordé par le préfet de Gironde et un passeport, obtenu auprès des Autorités de Tarbes le 1er septembre 1860. Destination Île de la Guadeloupe, sur le navire « Bon Père » qui quitte le port de Bordeaux le 13 septembre 1860. C'est un trois mâts de 248 tonneaux, commandé par le capitaine Noge, secondé par 11 hommes d'équipage. Il bat pavillon français, son port d'attache est Bordeaux.

Il est parti à 18 ans avant le recensement militaire des jeunes hommes de 20 ans. Il est donc déclaré insoumis en 1864. Mais en Guadeloupe il bénéficie de l'application de l'article 16 de la loi du 27 juillet 1872 : « Sont exemptés du service militaire les jeunes gens que leurs infirmités rendent impropres à tout service actif ou auxiliaire dans l'armée. »

Son infirmité n'empêche pas François Cestia, grâce à son talent, de devenir rapidement rentier. Il rencontre Marie Cécile Eugénie Aquart-Pieton dont, Louise Clermonthe-Rouil la belle mère (première compagne de son père Eugène Hubert Pieton un industriel dans le sucre) était esclave, affranchie avant la naissance de ses 3 enfants qui seront tous reconnus par leur père Eugène Hubert Pieton. Marie Cécile Eugénie est la fille de Modestine Aquart seconde épouse de son père. La mère de Louise Clermonthe-Rouil, Scholastique, n'a jamais eu de nom de famille. Elle a été affranchie aussi en 1833.

Ainsi Marie Cécile Eugénie épouse François Cestia, avait une demi-sœur et 2 demi-frères nés, entre 1837 et 1847, d'une mère qui avait été esclave jusqu'en 1833.

Vers 1880, 20 ans après son départ, François Cestia revient dans son village natal où il s'installe avec sa compagne après un passage de quelques années à Bordeaux. En 1883, à Lescurry, nait leur fille Marie Eugénie Denise Cestia qui est reconnue par son père dans le mois qui suit sa naissance. Son père meurt trois ans plus tard.

Les Cestia en Louisiane de 1800 à 1850

Le déclin économique de l'île de Guadeloupe à partir de 1835 encourage le mouvement migratoire vers la Louisiane où le négoce permet une réussite rapide et une intégration facilitée par une importante communauté de Français dans ce secteur d'activité.

Bertrand Cestia le fils du boucher de Vic qui prend sa retraite à Pujo au château de Saint Aunis est le deuxième d'une fratrie de 9 enfants, tous nés à Vic-en-Bigorre entre 1803 et 1820 dont 6 atteignent l'âge adulte. L'ainée, Marie reste à Vic comme sa sœur Rosalie. Les 4 autres quittent Vic et vont chercher fortune qui en Guadeloupe, qui en Louisiane.

Bertrand Cestia (1810-1885) dit le cadet, et en famille dit Adolphe, se marie à la Nouvelle-Orléans vers l'âge de 30 ans. Comme son frère en Guadeloupe, il est dans

---

La Nouvelle-Orléans au XIXème siècle

Rue Royale, rue de Chartres, rue Toulouse, couvent des Ursulines, French Quarter, French Market, autant de noms de rues, de bâtiments, de lieux qui inscrivent dans le tissu urbain la présence française à La Nouvelle-Orléans. Fondée par Bienville en 1718. Baptisée en l'honneur du Régent de France, La Nouvelle-Orléans fut à la fois une fondation française, la capitale de la Louisiane et la voie de pénétration majeure de la culture française et des colons français dans la région.

La population de La Nouvelle-Orléans a connu, comme de très nombreuses villes des États-Unis et d'Europe, une très forte croissance au XIXème siècle. La ville passe de 20 000 habitants environ en 1810 à 168 000 en 1860 et 280 000 en 1900. Dans ce contexte, l'importance numérique des immigrés français à La Nouvelle-Orléans, ville en très forte expansion, s'est rapidement estompée, au point de ne plus représenter que 6,4 % des habitants dès 1850, 4,6 % en 1870 et seulement 1,6 % en 1900.

Plus de 45 % des immigrants français sont commerçants au détail et 20 % marchands, alors que respectivement 20 % et 10 % seulement des Louisianais se classent dans ces catégories. Ainsi, un récit de voyage publié en 1828 témoigne de cette domination française dans le secteur marchand de la ville : « Les émigrants français sont nombreux à La Nouvelle-Orléans. On compte parmi eux beaucoup de marchands très respectables, quelques avocats, des médecins... » En 1835, un autre voyageur à La Nouvelle-Orléans observe : « Lorsqu'on s'approche du marché, les magasins français deviennent dominants, au point que l'on pourrait s'imaginer, aidé en cela par le son de la langue française, les visages français et les marchandises françaises de tous côtés, traverser une rue du Havre ou de Marseille. »

Marjorie Bourdelais « Les immigrants français à La Nouvelle-Orléans au XIXème siècle : une longue stabilité des formes d'intégration »

---

le commerce, le négoce. Bertrand arrive à la Nouvelle-Orléans en 1837. Il est le premier Cestia à migrer en Louisiane. Il est rejoint par Jean-Alphe Cestia qui n'est pas un proche parent, mais est originaire comme lui de Vic. Il est donc probable qu'ils aient noué des relations. Bertrand Cestia rentre à Vic, sans doute après son veuvage, vers 1876.

Jeanne Marie Cestia (1812-1881) de Vic, la sœur des deux Bertrand dits l'un l'ainé et l'autre le cadet, épouse Paul Pujo. Ils s'installent à Bordeaux où nait leur fille Anaïs en

1829. C'est alors qu'ils partent pour la Nouvelle-Orléans où ils seront vraisemblablement rejoints par le frère et beau-frère Bertrand. Paul Pujo est dans le négoce et il travaille probablement avec ses deux beaux-frères les deux Bertrand. Mais il faut croire que la vie à la Nouvelle-Orléans ne plait pas à Jeanne Marie qui rentre à Vic et y épouse, en 1838, en secondes noces Dominique Daveran avec qui elle aura un fils Jean Léopold.

Enfin Louise (1820-1882) la plus jeune de la fratrie, embarque pour la Nouvelle-Orléans vers 1850 où elle réside quelque temps, mais s'installe finalement à New-Iberia, où sont installés les enfants de Jean Alphe Cestia son compatriote de Vic.

Un autre compatriote de Vic, Paul Bernard Cestia, sans lien de proche parenté avec les enfants du boucher de Vic, migre vers la Nouvelle-Orléans vers 1850. Également sans lien de parenté, Laurent Sestiaa, originaire de Nay, migre en 1828 à l'âge de 30 ans vers la Nouvelle Orléans.

Les Cestia en France de 1800 à 1850

Basses-Pyrénées (Pyrénées-Atlantiques)

Les Cestia de cette grande famille de Nay travaillent dans l'industrie textile pour 50% d'entre eux dont 20% plus précisément dans l'industrie de la laine, puis viennent les menuisiers pour 30% et enfin les artisans et commerçants pour 20%. Les constats faits pour la période 1800-1850 à Nay sont très similaires de ceux de la période suivante 1850-1900 Les Cestia de Nay sont des artisans et ouvriers qui connaissent la dure vie du prolétariat au XIXème siècle, et qui sont les acteurs de la révolution industrielle et de l'essor économique du XIXème siècle. On est là, bien loin de la réussite économique des Cestia dans les îles de Guadeloupe ou de Porto-Rico ou en Louisiane.

A Nay dans la période 1800-1850 on trouve quatre branches de Sestian,

- la branche de cousins-germains qui ont pour grand-père Jean Sestian époux Anglade,
- puis les branches issues de Jean Sestian époux Gouailles,
- de Guilhaume Sestian époux Darric,
- et enfin celle de Pierre Jean époux Pehourtic.

Il y a aussi cinq branches dont les grands-pères sont des Sestiaa :

- les petits-enfants de Jean Sestiaa époux Barthes,
- de Pierre Sestiaa époux Pardilhon,
- de Jean Sestiaa époux Mesplet,
- de Bernard Sestiaa époux Latapie,
- et enfin de Jean Sestiaa époux Barthes.

On a aussi les dix petits-enfants de Jean Pierre Sestia époux Poey et ceux de Jean Sestia époux Abbadie. Dans cette période ont aussi vécu à Nay (y compris Claracq) les quinze petits-enfants de Bernard Cestia époux Lajusa et les trois petits-enfants de Jean Cestiaa époux Bergeret. On a aussi les dix petits-enfants de Jean Pierre Sestia époux Poey et ceux de Jean Sestia époux Abbadie. Dans cette période ont aussi vécu à Nay (y compris Claracq) les quinze petits-enfants de Bernard Cestia époux Lajusa et les trois petits-enfants de Jean Cestiaa époux Bergeret.

A Bayonne naît Sestiant (avec un t final) Anne (1748-1808) fille de Sestian Jean, jardinier et vigneron de Lescurry. La sœur d'Anne, quant à elle, naît à Arcangues à plus de 100 km au sud de Bayonne. Après sa naissance son père viendra s'installer à Lescurry son village natal et aura de son second mariage trois enfants dont un seul Bernard Cestian (1760-1854) dit Coubé atteindra l'âge adulte. Les déplacements de familles sur une aussi grande distance en France sont rares à cette époque.

Gers

Jean Cestia dit Coutillou (1734-1818) est né à Beccas d'une famille originaire de Lescurry. En 1764 il épouse à Beccas Geneviève Jeanne Becas. Un patronyme qui pourrait faire croire à une famille de Beccas de longue date, mais il n'en est rien. Son père est de Buzon, situé à quelques kilomètres au nord de Beccas. Jean Cestia et son épouse ont, entre 1765 et 1786, six enfants dont Arnaud et sa sœur Marie n° 3 et 4 de la fratrie. Arnaud qui devient le maire de Malabat, tandis que Marie qui épouse Despalanques vit quelques temps en Guadeloupe.

Les n°1 et 2 de la fratrie sont nés à Villecomtal-sur-Arros mais les suivants sont tous nés à Beccas. Jeanne-Marie, l'ainée épouse Jean Carrere de Buzon où elle s'installe. Le n°2 de la fratrie Bertrand dit l'ainé rejoint à Vic son frère Jean le n°5 de la fratrie, boucher à Vic-en-Bigorre. Le n°6 Jean s'installe à Vic où il exerce la profession de concierge.

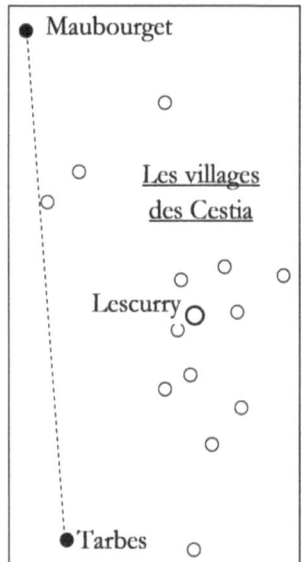

Hautes-Pyrénées

Lescurry, Vic-en-Bigorre, Louit et Dours sont les villages et ville des Cestia au début du XIXème siècle. Cependant, le plus souvent, les Cestia ne font pas souche dans ces villes et villages, ils migrent vers d'autres communes : Artagnan, Buzon, Castelvieilh, Castera-Lou, Sénac, Lacassagne, Lansac, Peyrun, Pouyastruc, Saint-Sever-de-Rustan. Ces villages sont situés au nord et au sud de Lescurry et à l'Est d'une ligne Tarbes Maubourget.

Lescurry

En 1806, il y a, dans cette petite commune située sur le flanc d'une colline, 290 habitants. Cinquante ans plus tard ils ne sont que 90 de plus. La topographie de la commune peu favorable à la culture explique cette croissance démographique modeste par rapport à celle observée dans les communes avoisinantes.

Les Cestia de Lescurry sont « *cultivateurs* » pour 80% d'entre eux et pour 20%. « *laboureurs* » donc propriétaires.

Entre 1800 et 1850 il y a quatre familles (18 à 20 personnes) qui portent les patronymes Cestia ou Cestian. Ce sont les familles de Guillaume Cestian époux Marthe Dumestre, Jean Cestian dit Coutillou époux Anne Defes, Bernard Raymond Cestia époux Jeanne Durac et Denis Damien Cestia époux Michèle Baru. Les enfants de ces couples mariés entre 1755 et 1831 à Lescurry ont eu au total 27 enfants dont seulement 21 atteindront l'âge adulte.

Ce bilan des mortalités infantiles des quatre familles ayant vécu à Lescurry entre 1800 et 1850 illustre la mortalité et l'espérance de vie au début du XIXème siècle.

Vic-en-Bigorre

En 1806, la petite ville de Vic compte 3 889 habitants, et en 1872 elle n'a plus que 3 397 habitants [58]. Cette décroissance n'est pas observée pour le patronyme Cestia dont la représentation à Vic passe de 10 à 19 de 1800 à 1850.

La migration vers la ville entraine un changement de métier. Ils ne sont plus en 1850 que 21% à être cultivateurs ou laboureurs à Vic, alors que dans la même période à Lescurry, village rural, ils sont 80% à exercer ces métiers. A Vic, en 1850 14% sont « rentier », on dirait aujourd'hui retraité. Les autres métiers sont maçon, charpentier, boucher, marchand, concierge, domestique ou couturière, de activités que seule la petite ville peut offrir et que viennent chercher les Cestia qui s'y installent.

Mais, si Vic attire les Cestia, c'est aussi parce que c'est de là qu'ils partent vers Libourne ou Bergerac pour exercer de nouveaux métiers ou beaucoup plus loin dans le vaste monde pour tenter de faire fortune rapidement, en Louisiane, en Argentine et en Guadeloupe. C'est peut-être cette envie de parcourir le monde qui explique la décroissance de la population de Vic dans une période où les villes connaissent généralement une croissance due à ce que l'on a l'habitude d'appeler « *l'exode rural* ». L'attrait de la ville de Tarbes dont la population passe de 7 934 habitants en 1806 à 25 146 en 1886, explique vraisemblablement aussi le moindre intérêt porté à la petite ville de Vic-en-Bigorre. Ainsi Vic-en-Bigorre au XIXème siècle (de 1806 à 1872) semble mal résister à la concurrence de Tarbes, alors que la population de Vic décroit de 13%, celle de Tarbes augmente de 217%.

---

58 Sources archives départementales des Hautes-Pyrénées.

Louit

Louit est au XIXème siècle une petite commune rurale d'environ 185 habitants dont la population reste stable au cours de la période 1806-1886. Sur la partie occidentale, des coteaux pierreux sont favorables à la culture de la vigne, « *culture du vin* » selon l'expression employée par l'instituteur dans sa monographie de 1887, tandis que dans la plaine orientale le terrain argileux favorise la culture du blé et du maïs.

> La loi du 14 décembre 1789 organise la représentation démocratique dans les 44 000 communes de France.
>
> « Les citoyens actifs » élisent les membres du « corps municipal » qui élisent leur « chef » le maire.
>
> Pour être « citoyens actifs » il faut, être français de plus de 25 ans, résider dans le canton, payer une contribution directe d'au moins trois jours de travail, et ne pas être domestique, serviteur à gages.
>
> Ainsi en 1789 les citoyens sont égaux mais certains sont quand même « plus égaux que d'autres » comme dira Coluche beaucoup plus tard.
>
> Les contributions directes ont été établies en 1791 par l'assemblée constituante. Elles sont au nombre de trois : contribution foncière, portant sur tous les terrains, la contribution personnelle et mobilière, portant sur tous les revenus qui ne sont pas tirés du commerce ou de la terre, contribution de la patente, qui taxe les professions selon des signes extérieurs.
>
> Le corps municipal nomme un nombre de notables double de celui des membres du corps municipal. Ces notables forment, avec les membres du corps municipal, le conseil général de la commune, et ne seront appelés que pour les affaires importantes.

Pierre Cestia, mon aïeul, est cultivateur, laboureur propriétaire des terres qu'il cultive. Après la révolution, en 1793, il a été élu membre du conseil général communal et maire de sa commune. Sur son acte de naissance, il est Cestia, mais il est Sesthian sur son acte de mariage.

Au début de l'année 1800, il y a Louit la famille de Pierre Cestia dit Baillou (Bayou) et de son épouse Marie Fontan, une famille composée de pierre et Marie et de leurs trois enfants : Martial qui a 33 ans et qui a une fille Jeanne Marie âgée de 2 ans, Jean dit cadet 28 ans qui se marie en août 1800, et Pascal qui reste célibataire.

Le fils de Pierre, Martial est élu conseiller municipal de Louit le 21 mars 1816. En 1865 et 1870 c'est Philippe le petit-fils de Pierre, fils de Jean qui, marchant dans les pas de son père, est élu maire de Louit.

Entre 1800 et 1822, les deux frères Jean (1772-1846) et Martial (1767-1848) ont eu chacun 11 enfants dont, pour Jean, 8 atteignent l'âge adulte, et 9 pour Martial. Donc au total 17 enfants qui auraient pu contribuer à accroître la population du village, si les migrations n'avaient contrarié cette perspective.

En 1850 sur les 6 enfants vivants de Martial, il ne reste à Louit que Dominiquette et Jeanne-Marie. Car, Catherine est à Porto Rico, Bernarde s'est mariée à Saint-Sever-de-Rustan, Jean est marié à Artagnan et Jeanne Marie à Lescurry. A la même date sur les 6 enfants vivants de Jean, il ne reste à Louit que Catherine, Emmanuel et sa sœur Philippe qui à cette date est déjà revenue de Guadeloupe. Leurs trois frères, Philippe, Philippe dit Bernard et Pierre, quant à eux sont toujours en Guadeloupe.

Donc, malgré deux familles nombreuses de 11 enfants, les Cestia de Louit ne sont pas plus nombreux en 1850 qu'ils ne l'étaient en 1800 !

Dours

Autrefois *« Dours-en-Bigorre »*, est un petit village situé, à 290 mètres d'altitude environ, sur une colline fertile qui s'étend du nord au sud et domine au couchant la plaine de Tarbes, et du côté du levant le vallon de Loulès.

Dans sa monographie de 1887, l'instituteur de Dours parle de sa commune avec passion « A cheval sur une belle colline, la première en venant de l'ouest, Dours jouit d'un point de vue magnifique. Son horizon s'étend d'un côté jusqu'aux Pyrénées dont la teinte bleue est d'un aspect magnifique, d'un autre jusqu'aux collines limitrophes des Basses-Pyrénées, couvertes de bois ou de bruyère et que couronnent quelques rares maisons. Pendant une belle journée d'été le site est des plus pittoresques. Les Pyrénées attirent d'abord le regard. En face du spectateur, débouche la vallée de Campan dont son imagination franchit volontiers les bords, et descendent les contreforts qui s'abaissent insensiblement pour donner naissance à la plaine. Puis son œil se perd sur la vaste et plantureuse plaine de Bigorre, couverte de belles moissons et où sont échelonnés de beaux villages à demi cachés dans les arbres »

En 1806 il y a 157 habitants à Dours, trente ans plus tard ils sont plus de 300, à croire que les habitants de Dours ont, pour leur village, la même passion que leur Instituteur.

A Dours comme à Louit des coteaux pierreux sont favorables à la culture de la vigne, tandis que dans la plaine le terrain argileux favorise la culture du blé et du maïs. Une topographie favorable à la culture qui entraine une attirance moindre pour l'Amérique, ce qui explique peut-être aussi la croissance démographique.

Les Cestia de Dours sont entre 1800 et 1850 ceux de la famille de Jacques époux Saint-Ubery. Jacques Cestia dit Saucette laboureur, épouse Anne Saint-Ubery en 1806. En 1815 Jacques achète le château de Dours, l'ancienne demeure seigneuriale. Entre 1809 et 1826 ils ont 7 enfants dont 5 seulement atteignent l'âge adulte : Jean devient cordonnier, Marie se marie à Dours, Michel est laboureur à Dours comme son père et Paul Hyppolite le plus jeune se marie à Castelvieilh et s'y installe.

A la génération suivante, Jean Cestia, dit Jacques car il est le fils de Jacques, est cordonnier. Il épouse Jacquette Tardivailh en 1840. Entre 1842 et 1854, ils ont 5 enfants. Les deux ainés Bernard boulanger et Jacques cordonnier migrent en Argentine à Buenos-Aires. Les deux filles Félicité et Marie, ainsi que le plus jeune Adolphe Blaise restent à Dours. Enfin le quatrième, Michel Cestia laboureur cultivateur épouse en 1846 Marie Duffau. Ils ont 3 enfants. Marie l'ainée se marie à Dours, comme ses deux frères Paul Felix et Jean Marie laboureur, qui sont l'un et l'autre cultivateur comme leur père.

Artagnan

Nous retrouvons à Artagnan Jean Cestia, le fils de Martial Cestia de Louit. Il a, à Artagnan avec Domenga, 3 garçons et deux filles. Le plus jeune, Gabriel boulanger, se marie à Villecomtal-sur-Arros où il a un garçon et une fille. Mais avant son mariage au recensement militaire de 1881, il a 20 ans, il tire le N°1. Il doit donc consacrer.4 ans de sa vie à la cause militaire. Il est incorporé en 1882 au 3ème régiment d'infanterie de la marine. En 1883 et 1884 il est en Cochinchine (actuel Viet Nam). Puis à Formose (Taiwan), il participe à la campagne militaire de Kelung en 1885 et 1886. Il reçoit la médaille militaire du Tonkin en 1886.

A Artagnan s'installe aussi Jean Sestia et son épouse Marie Gardey. Jean vient de beaucoup plus loin, il est né à Nay. Il décide de quitter la grande ville industrielle des Basses-Pyrénées (Pyrénées-Atlantiques) pour s'installer comme cabaretier dans le gros village d'Artagnan qui comptait alors entre 700 et 900 habitants.

Buzon

A Buzon nous retrouvons Marie-Anne Cestia, la fille de Michel Cestia de Dours, qui se marie dans ce petit village de moins de 400 habitants avec Honoré Rives, aubergiste. Nous retrouvons aussi Jeanne-Marie Cestia, la fille de Jean Cestian dit Coutillou laboureur de Beccas (voir page 80), qui épouse à Buzon Jean Carrere.

Castelvieilh

A Castelvieilh, nous retrouvons Paul Hyppolite Cestia qui se marie en 1851 et a 8 enfants avec Justine Bordis.

Castera-Lou

Nous retrouvons Louis Cestia cultivateur de Lescurry qui épouse en 1847 à Castera-Lou Jeanne Duffau. Ils ont 5 enfants dont Louis qui devient maire de Castera-Lou en 1869.

Sénac

Jean Cestian dit Coubé de Lescurry se marie à Sénac en 1785 où il a 4 enfants avec Marguerite Cougot.

Lacassagne

Antoine Cestia de Sénac fils de Jean Cestia se marie à Lacassagne en 1845. Jean-Marie Cestia de Lescurry se marie à Lacassagne en 1843. Il a un enfant avec son épouse Dominiquette Roques.

Lansac

A Lansac nous retrouvons Jean Sestia cultivateur, laboureur fils de Jean Sestian et de Domenges Daubes En 1853 Jean Sestia épouse Marie Darre qui lui donne 6 enfants dont 4 atteignent l'âge adulte : 3 filles et 1 garçon qui lui-même aura deux filles à Lansac.

Peyrun
Marie Cestia de Lescurry, après son mariage dans son village natal, s'installe à Peyrun, petit village de moins de 300 habitants, avec son époux Bernard Mothe dit Trandolle.

Pouyastruc
A Pouyastruc, petite ville d'environ 700 habitants, nous retrouvons Dominiquette Bernarde Cestia la fille de Martial de Louit qui y épouse Adolphe Gardey.

Saint-Sever-de-Rustan
A Saint-Sever-de-Rustan, petite ville d'environ 600 habitants, nous retrouvons une autre fille de Martial Cestia de Louit qui épouse François Nougues.

9. Conscription en France de 1789 à 1998

Avant la Révolution française l'armée est constituée de volontaires, de milices non volontaires, de régiments étrangers et de la noblesse. La Révolution ne garde qu'un recrutement de volontaires. Mais ce mode de recrutement se révèle insuffisant. En 1793 une réquisition partielle est organisée parmi les citoyens de 25 à 40 ans célibataires ou veufs sans enfant par tirage au sort ou élection. La situation est critique, le décret du 23 août 1793 proclame *« Dès ce moment, jusqu'à celui où les ennemis auront été chassés du territoire de la République, tous les Français sont en réquisition permanente pour le service de l'armée »*

Ce régime d'exception est remplacé le 5 septembre 1798 par un service militaire obligatoire pour les 20 à 25 ans non mariés et veufs sans enfants qui vient compléter le recrutement de volontaires. Cette loi, dite loi Jourdan-Delbrel, fut appliquée jusqu'en 1818, avec toutefois en 1804 une modification pour introduire le tirage au sort et autoriser le remplacement. Chaque canton devait fournir un certain quota d'hommes, environ 30 à 35% des conscrits, choisis par tirage au sort. La loi autorise aussi les plus riches à négocier une somme devant notaire pour payer un remplaçant qui effectuait un service militaire à la place du conscrit.

Malgré ces lois, la guerre devenant continuelle sur une grande partie de l'Europe, le recrutement est de plus en plus difficile, le remplacement de plus en plus coûteux et la conscription de plus en plus impopulaire.

En 1815, la conscription est abolie et l'armée napoléonienne est licenciée. Mais comme les effectifs sont insuffisants, Gouvion Saint-Cyr fait voter en 1818 une loi qui institue un service long de six ans auquel doivent se plier les jeunes gens qui ont tiré au sort un mauvais numéro. Après 6 ans de service les appelés étaient libérés mais versés dans les vétérans (équivalent de la réserve selon le terme actuel). Entre 1815 et 1870, la masse des soldats français est constituée d'appelés ayant tiré un mauvais numéro, de remplaçants et d'engagés volontaires.

En 1855 l'exonération payante se substitue au remplacement. Mais en 1868, pour faire face à la baisse des effectifs et à la professionnalisation de l'armée, la loi supprime l'exonération et rétablit le remplacement.

C'est dans ce contexte de recrutement que la France déclare la guerre à la Prusse le 19 juillet 1870. Ce conflit oppose la France à une coalition d'états allemands dirigée par la Prusse. Le conflit prend fin le 28 janvier 1871 par la signature d'un armistice par lequel les états allemands proclament un Empire allemand qui annexe l'Alsace et la Lorraine.

La loi du 27 juillet 1872 proclame le principe du service militaire personnel, le remplacement est aboli mais le tirage au sort maintenu. La moitié du contingent doit effectuer cinq ans de service actif, l'autre un an. Comme dans les lois précédentes de nombreuses exceptions sont prévues pour les enseignants, les ministres du culte ou certains diplômés par exemple.

Ce n'est qu'en 1905 que le recrutement avec tirage au sort et remplacement possible disparait. La loi du 21 mars 1905 établit pour la première fois, le principe du service militaire obligatoire, égal et universel tel qu'on l'a connu jusqu'en 1998, année de création de la journée défense et citoyenneté qui donne, entre 16 et 25 ans aux jeunes gens filles et garçons, une information tant sur les droits et devoirs en tant que citoyens, que sur le fonctionnement des institutions.

10. de 1850 à 1900

Honoré Cestia

Durant la période 1850-1900 les Cestia sont présents sur la planète dans les régions suivantes : Argentine, Uruguay, Etats-Unis, et en France principalement en Bigorre.

J'ai pu dénombrer plus de 200 personnes nées avec ce patronyme entre 1850 et 1900. Ce qui est beaucoup plus que pendant les 50 dernières années en France.

Honoré Cestia

Honoré Cestia est né en 1857 dans le petit village de Louit qui comptait alors environ 280 habitants. On y cultive la vigne, le blé et le maïs. Le bétail sert au transport et au travail de la terre. C'est un village pauvre d'une quarantaine de maisons qui ont pour la plupart plus de 200 ans.

Le père d'Honoré, Philippe, avait à la naissance de son fils près de 43 ans. La mère d'Honoré, Madeleine [59] originaire de Coussan situé au sud de Louit à quelques kilomètres, n'avait pas encore 21 ans. Quelques années après la naissance d'Honoré, arrivait en 1864 son frère Auguste Sylvain.

Les Sentubery

A trois kilomètres au nord de Louit vit dans le village de Castera-Lou la famille Sentubery. Une famille dont l'influence sera déterminante comme on le verra plus loin. En 1829 Dominique Sentubery, originaire d'Oleac-Débat à quatre kilomètres au sud de Louit, après son mariage avec Simone Sénac de Castera-Lou s'installe dans son village natal. Il y a, entre 1830 et 1846, six enfants dont les trois plus jeunes, Jean et ses sœurs, Marie et Victorine, migrent vers l'Uruguay en 1857. Jean avait alors 19 ans et ses sœurs 15 et 11 ans.

Quelque temps plus tard Jean est rejoint par son cousin germain d'Oléac-Debat, Jean-Marie dit *« le Borgne »*, et sa cousine germaine Jeanne-Marie.

En 1860, à 22 ans, Jean Sentubery, cordonnier de métier, fonde à Montevideo la Zapatería (magasin de chaussures) *« La Bola de Oro »*, (La boule d'Or) calle Rincón y Juncal.

En 1864 il y a le mariage de Marie (22 ans), la sœur de Jean, qui épouse Jean Jules Mothe d'une famille originaire de France. Un an après le mariage nait Victorine Mothe.

---

59 Magdelaine sur son acte de naissance. Mais on trouve aussi sur certains documents l'orthographe Madelaine.

Cale Rincon y juncal

Puis en 1871, après la naissance de leur premier enfant, Jean Sentubery épouse sa cousine germaine Jeanne Marie la mère de son enfant.

Ainsi à Montevideo, ville cosmopolite avec une population d'origine française importante, il y a en 1876 une grande famille Sentubery originaire d'un village tout proche de Louit où la propriété de Jean Sentubery jouxte celle d'Abraham Dortignac l'oncle de Madeleine Dortignac, la mère d'Honoré.

L'Uruguay

La République Orientale de l'Uruguay ou Uruguay est le plus petit pays d'Amérique du Sud. Il a une superficie égale au tiers de celle de la France. L'Uruguay est situé entre les 30ème et 35ème degré de latitude sud, au sud du Brésil, et à l'est de l'Argentine, dont il est séparé par le fleuve Uruguay qui lui a donné son nom. Son territoire est essentiellement formé de plaines traversées par de nombreuses rivières, caractéristique géographique favorable à l'élevage.

La colonisation espagnole de la région du Rio de la Plata [60] débute au 16ème siècle. Les peuplades indigènes s'opposent violemment à cette invasion. Avant l'indépendance de l'Uruguay en 1828, de nombreux conflits opposent, Espagnols et Portugais, mais aussi Anglais contre Français et Espagnols. L'affaiblissement de l'Espagne en 1810, la rivalité entre Buenos-Aires et Montevideo, font naitre en Uruguay une aspiration à l'indépendance. Il faut de nombreux affrontements violents entre les peuples argentins, uruguayens, espagnols,

---

60 Le "Río de la Plata" est l'estuaire créé par le Río Paraná et le Río Uruguay. Au sud de l'estuaire se trouve l'Argentine, au nord l'Uruguay.

portugais, et brésiliens nouant et dénouant des alliances selon les opportunités, pour aboutir le 18 juillet 1830 à l'adoption de la première constitution uruguayenne.

A partir de cette date, jusqu'au début du 20ème siècle, l'Uruguay connait de nombreux conflits avec les pays voisins. Au même moment, beaucoup d'immigrants, surtout des Européens, viennent s'installer en Uruguay. Lors de la grande Guerre entre l'Uruguay et l'Argentine aux mains du dictateur Rosas, les Français constituent plus de la moitié de la population étrangère de la ville. En 1843, en plein siège de Montevideo, des Français se conduisent en héros pour défendre la ville contre les assaillants argentins. Cet épisode soude pour longtemps l'amitié franco-uruguayenne.

A partir de 1850 l'Uruguay connaît une forte croissance de sa population [61] due à une immigration beaucoup plus diversifiée. Montevideo compte à la fin du 19ème siècle une population étrangère importante originaire d'Italie, d'Espagne, du Brésil, et de l'Argentine. Les institutions uruguayennes ont favorisé l'intégration de ces populations, permettant à ce pays de se construire à partir des apports culturels de l'Espagne, de la France, de l'Italie, de l'Allemagne, de l'Angleterre et des Etats-Unis.

Honoré migre en Uruguay

Vers 1876 Honoré migre vers l'Uruguay. Il est l'ainé et sa mère est veuve ce qui au titre de l'article 17 de la loi du 27 juillet 1872 le dispense du service militaire. Cette disposition législative est prévue pour que le fils reste auprès de sa mère pour l'aider, ce qui n'est pas le choix d'Honoré et de sa mère. Honoré, sans doute en accord avec sa mère, décide de partir pour l'Uruguay.

Ce choix de partir est vraisemblablement dicté par des motivations multiples. Il semble clair que la présence dans ce pays de nombreux Français a été un facteur important, d'autant plus que ces Français présents à Montevideo n'étaient pas tous des inconnus. En partant à Montevideo, Honoré retrouve les Sentubery, des connaissances, des voisins de son village natal.

A Dours, situé à 2 km de Louit, les frères Bernard et Jacques Cestia, d'une famille de cordonniers, partent à Montevideo avant leurs 20 ans pour échapper à l'enrôlement militaire.

Que dire aussi du passage en 1875 à Oléac-Debat de Jean Sentubery. Il aurait pu à cette occasion organiser sa succession à Montevideo et *« négocier »* avec Madeleine le mariage de sa nièce avec Honoré ... Tout est possible, à cette époque les parents étaient encore très influents ...

Enfin on savait à Louit que ceux qui revenaient d'Uruguay revenaient généralement plus riches qu'ils n'étaient partis... A Louit les Cestia ne vivaient pas misérablement.

---

61 La population uruguayenne passe de 100 000 habitants en 1850, dont vraisemblablement un tiers de Français, à près d'un million en 1908.

Philippe Cestia le père d'Honoré était au moment de son mariage un homme aisé. [62]. Il était parti jeune, sans le sou, en Guadeloupe, et en était revenu avec des rentes. Appât du gain ou souhait de marcher dans les pas de son père ? Je vous laisse choisir.

Ainsi Madeleine fait partir Honoré et garde avec elle son plus jeune fils Auguste Sylvain. Pourtant Honoré est l'ainé donc celui qui aurait dû reprendre l'exploitation agricole, puisqu'en 1876 son père était décédé. En Bigorre à cette époque le droit d'ainesse, bien qu'aboli par la Révolution française, était encore bien présent dans les usages. Habituellement on faisait donc partir les plus jeunes pour laisser aux ainés le soin de veiller sur l'héritage.

Honoré quitte Louit vraisemblablement en 1876 ou au début de l'année 1877. Il ne part pas à l'aventure, à la conquête du nouveau monde, risquant sa vie dans un voyage dangereux. Non, il prend simplement le bateau à Bordeaux pour, après un peu plus de 10 jours de mer, retrouver des compatriotes, des connaissances qui forment à Montevideo un clan familial et d'affaires, un réseau comme on dirait aujourd'hui.

Il retrouve notamment Jean Sentubery qui a alors à peine 39 ans, mais a déjà bien réussi, et se trouve à la tête d'un commerce de chaussures, d'une exploitation agricole et possède plusieurs immeubles de rapport. Ainsi fortune faite, Jean Sentubery pense donc revenir en France. C'est dans ce but qu'il a fait venir son neveu Dominique Dupont.

Arrivé à Montevideo Honoré Cestia n'a sans doute pas de difficultés à trouver de quoi vivre ; il travaille vraisemblablement pour les Sentubery. Et c'est ainsi qu'il fera la connaissance de sa future épouse Victorine Mothe dont la mère est une Sentubery.

Victorine Mothe

---

62 Le contrat de mariage de Philippe Cestia indique que le futur époux se constitue outre 1 000 Francs de mobilier, la somme de 20 000 Francs argent, obligations, titres placements. Ce qui représente plus de 30 ans d'un salaire annuel moyen de l'époque. Aujourd'hui 30 ans de salaire minimum représente environ 480 000 €.

Dupont x Meyranx

Quant à Dominique Dupont le neveu de Jean Sentubery fraichement arrivé à Montevideo, il épousera Eugénie Meyranx, la fille d'Eugène Meyranx originaire des Landes, arrivé lui à Montevideo en 1867 avec femme et enfants. Eugène Meyranx est charpentier comme son père et son grand-père. Il crée une entreprise de charpente et une scierie qui participent à la construction de la « *Casa de Gobierno* » [63]. Il construit aussi des « *Folies* » de style français dans les beaux quartiers du Prado et de « *La Union* » où s'établit. Il participe aussi à la construction de plusieurs villas de style français d'Arcachon sur la « *Rambla de Pocitos* » un quartier de Montevideo.

Le 16 Juin 1886, le journal « *El Dia* », dont c'était le premier numéro, publie un encart publicitaire annonçant la cession de l'affaire de Jean Sentubery à ses neveux. Il s'agit de Dominique Dupont marié à Eugénie Meyranx et d'Honoré Cestia son neveu par alliance marié à Victorine Mothe. Et c'est ainsi que Jean Sentubery va pouvoir prendre sa retraite en France dans son village natal.

Le commerce de chaussures marche bien, sans doute porté par la forte augmentation de population immigrée à fort pouvoir d'achat. Les neveux et nièces vivent dans deux appartements au-dessus du magasin. Leurs familles s'agrandissent (voir chapitre suivant).

Le retour au pays

Peu de temps après son retour en France en 1899 Honoré Cestia épouse Anna une fille de 17 ans, il en avait 44 …une différence d'âge inhabituelle qui a dû en surprendre beaucoup … dont, je le sais, son fils Felix et son épouse Julie du même âge que sa belle-mère. Pourtant son père avait lui aussi épousé une femme beaucoup plus jeune que lui. Cinq ans plus tard naissait André, dont le plus jeune de ses demi-frères Jules avait alors 14 ans, et le plus âgé Felix avait presque 20 ans. Anna était d'une santé

---

63 Une résidence prestigieuse à Buenos-Aires qui constitue aujourd'hui un des attraits touristiques de cette ville.

> **Une œuvre sociale à Nay**
>
> L'accroissement de la population ouvrière, la pauvreté de la protection sociale et des conditions de vie vont questionner longuement les trois abbés Dupont qui vont se lancer à la fin du XIXème siècle dans une remarquable grande œuvre sociale. Ils vont ainsi ouvrir dans un premier temps un établissement d'enseignement classique au milieu du siècle, puis à partir de 1865 dans leur domaine familial des Mouliérats, un hospice Saint-Joseph pouvant accueillir 14 personnes.
>
> A partir de 1868, avec l'achat du domaine de Palengat (actuel Collège et Lycée Saint-Joseph), ils commencent leur grande œuvre architecturale. Le premier bâtiment est celui du Couvent des Dominicaines (actuel Monastère des Béatitudes), puis l'Institution Saint-Joseph destinée à l'éducation des jeunes garçons et surtout la rénovation et reconstruction de l'hospice Saint-Joseph à partir de 1892.
>
> Très bien conçu, il souscrit aux besoins d'hygiène et de moralité. Il est équipé aussi pour recevoir les accidentés.
>
> (Site officiel ville de Nay)

fragile. Elle meurt à 40 ans en 1925. La même année Honoré perd sa mère qui avait 88 ans. Ainsi Honoré se retrouve seul avec son fils André de 18 ans.

Honoré était, selon les témoignages recueillis, d'une nature calme et paisible ; son surnom était un mot de patois qui signifie *« scarabée »*.

En 1934 deux mois après le décès de son père André se marie à Graziella Dupont. André vécut dans la ferme familiale de Louit. Il est mobilisé lors de la seconde guerre mondiale. Il meurt pour la France à Vienne-le-Château le 11 juin 1940.

Auguste Sylvain Cestia

Contrairement à son frère ainé, Auguste Sylvain Cestia ne peut pas bénéficier d'une dispense de service national. A l'âge de 20 ans en 1884, lors du recensement, il tire le n°32, un numéro hélas bien trop faible pour échapper au service de 5 ans. En effet la loi de 1872 prévoit que la moitié du contingent, choisie par tirage au sort, doit effectuer cinq ans de service actif, l'autre un an. Auguste Sylvain Cestia est donc convoqué le 30 décembre 1885 pour le conseil de révision qui doit se prononcer sur son aptitude à être soldat. Mais le 30 décembre 1885, il est déjà loin. Il est à Montevideo en Uruguay où il a rejoint son frère Honoré. Il est donc déclaré insoumis et encours une peine de 1 mois à un an de prison.

Auguste Sylvain a fait le choix de la fuite pour éviter la conscription, vraisemblablement encouragé par sa mère qui chérit ses enfants plus que tout, et pour qui un avenir de soldat pour son fils pendant 5 ans et le risque d'être engagé dans une nouvelle guerre semble probablement insupportable.

Madeleine Dortignac la mère d'Auguste Sylvain est née en 1838. Elle a le souvenir de ces guerres incessantes de la France depuis 1852. L'empereur Napoléon III, Louis-Napoléon Bonaparte, fait la guerre en 1853-1856 en Mer Noire, en 1856-1860 en Chine, en 1859-1862 en Cochinchine (Viet Nam), en 1859 en Lombardie Vénitie, en 1861 au Mexique, en 1866 en Corée, et en 1870 en Allemagne, guerre que la

République continue. On peut aisément imaginer que les victoires de l'empereur des Français ou de la République importent peu à Madeleine Dortignac.

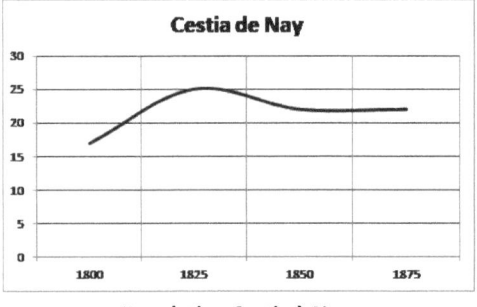

Population Cestia à Nay

Pour ses fils c'était donc la guerre que Madeleine Dortignac veuve Cestia redoute le plus, elle qui bien plus tard en 1914, tremble pour son petit-fils Jules.

Auguste Sylvain ne reste pas à Montevideo, il s'installe à Buenos-Aires en Argentine où résident beaucoup de migrants français. Il ne connait pas la même réussite que son frère, il meurt à l'âge de 33 ans sans jamais avoir revu son village natal.

Les Cestia à Nay

Nay est une petite ville des Pyrénées-Atlantiques

A Nay les Cestia s'appellent aussi Cestiaa ou Sestiaa. C'est étonnant mais c'est conforme à l'usage local du doublement de la voyelle terminale !

Les Cestia donc, Sestiaa, Sestia, Cestiaa et Cestia sont présents à Nay durant la période 1850 à 1900. Ce sont les enfants, petits-enfants ou arrière-petits-enfants de Pierre Sestiaa (1783-1844), de Jean Pierre Sestiaa (1780-1855), de Jean Sestiaa (1787-1849), et de Jean Paul Sestiaa (1802-1874). Pierre, Jean Pierre, Jean et Jean Paul, leurs aïeux, sont cousins germains.

Ainsi, dans cette fin du XIXème siècle nous pouvons donc affirmer que les Cestia de Nay constituent une grande famille. Ils sont ouvriers travaillant pour 50% d'entre eux dans l'industrie textile, mais 35% sont artisans ou commerçants et 15% sont dans les métiers du bois, une autre industrie importante de Nay.

Les Cestia de Nay participent à l'accroissement de la population ouvrière de Nay dont la pauvreté de la protection sociale et la rudesse des conditions de vie vont questionner les trois abbés Dupont.

Les Cestia en Dordogne et Gironde

Bordeaux est, dans la période 1850-1900, une ville attractive de par son port maritime important.

C'est là que François Cestia et sa compagne Marie Cécile Eugénie s'installent vers 1870 quelques temps à leur retour de Guadeloupe avant de revenir définitivement au village natal de Lescurry.

C'est aussi là que s'installe Charles Hippolyte qui, à sa naissance, a été déclaré sous le nom de sa mère, Françoise Jeanne Guinle, puis reconnu par son père lors de son mariage avec la mère de l'enfant.

Mais Bordeaux est aussi relié par des voies fluviales qui favorisent le commerce avec l'intérieur du territoire : la Dordogne relie Bordeaux à Libourne, et à Bergerac. La batellerie est sur la Dordogne une activité importante en ce milieu du XIXème siècle.

C'est ainsi que Bernard Cestia, natif de Vic-en-Bigorre d'une famille de maçons, épouse en 1825 Marthe Durive d'une famille de bateliers. Le nom de famille nous fait présumer que la batellerie est une longue tradition de cette famille.

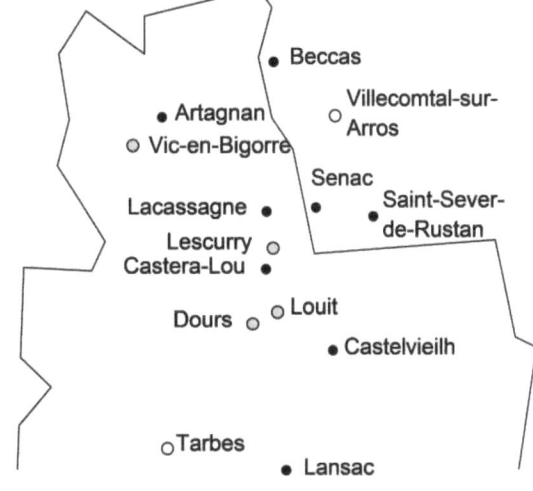

Bernard et Marthe vécurent à Bergerac où ils eurent leurs trois premiers enfants, puis à Libourne où ils eurent quatre enfants de plus. Deux d'entre eux, Charles Jean et Eugène, s'y installèrent. Charles Jean s'y maria mais décéda aussitôt après son mariage. Eugène, son frère épousa alors la veuve et ils eurent un enfant qu'ils appelèrent Charles Jean comme le frère décédé.

Les Cestia en Bigorre et en Astarac

Ce tour d'horizon des Cestia dans la seconde moitié du XIXème siècle nous montre que l'installation dans un village voisin se fait souvent à l'occasion d'un mariage avec une fille d'un autre village. Ce sont des migrations vers un village très proche de quelques kilomètres.

Le départ de Lescurry où la terre est ingrate se fait de préférence vers des villages à l'agriculture plus généreuse, Castera-Lou, Lacassagne ou Sénac. [64].

On observe aussi un mouvement d'exode rural. La migration en Bigorre vers la ville, l'exode rural des Cestia profite principalement à Vic-en-Bigorre beaucoup plus qu'à Tarbes la grande ville, dont pourtant la population triple au XIXème siècle.

---

64 Selon les informations relevées dans les monographies communales de 1887 établies par les instituteurs.

Cette migration est, selon l'historien Georges Dupeux [65], improprement appelée « *exode rural* », car elle concerne le départ d'un excédent de population qui n'entraine pas l'abandon du territoire rural, en l'occurrence pour les Cestia le village de Lescurry.

A propos de la ville de Lyon et de la campagne M. Garden [66] dit « Sans cesse elle envoie dans la ville le surplus de sa population , elle est un réservoir permanent où la ville puise avec des besoins grandissants », ce à quoi répond Gabriel Audisio [67] « Ce qui est vrai de Lyon vaut pour tous les organismes urbains », et on le comprend, également vrai pour Vic-en-Bigorre même si, on le verra plus loin, cette dernière est l'objet d'une attraction migratoire ayant son origine beaucoup plus ancienne.

C'est ainsi, par les migrations que le nom patronymique Cestia s'est répandu en Bigorre entre 1850 et 1900. Des mouvements de population souvent motivés par la recherche de meilleures terres à cultiver.

Le nom de l'ancien comté de Bigorre est encore très usité dans le département des Hautes-Pyrénées où il devient presque la manière de désigner le département, bien qu'il fût plus petit que le département créé en 1790. Par contre au nord l'ancien territoire du Comté d'Astarac n'a plus aujourd'hui la même notoriété. Cet ancien territoire est situé à la fois sur le nord du département actuel des Hautes-Pyrénées et, pour sa plus grande part, sur le Gers actuel.

Les Cestia dans les Hautes-Pyrénées

En cette fin du XIXème siècle les Cestia sont nombreux dans les Hautes-Pyrénées et au sud du Gers. Ils sont majoritairement présents à Vic-en-Bigorre, Lescurry, Dours et Louit. Mais ils sont aussi présents dans bien d'autres villages : Beccas, Lansac, Artagnan, Castelvieilh, Castera-Lou, Lacassagne, Saint-Sever-de-Rustan, et Sénac.

Vic-en-Bigorre

A Vic-en-Bigorre, entre 1850 et 1900, nous trouvons Jean Cestia boucher, et Antoinette Dauriac, son épouse, qui ont neuf enfants dont l'ainé vivra quelque temps en Guadeloupe. Jean est originaire de Beccas dans le Gers où son père y était « *laboureur* ». C'est un Coutillou d'une famille de Lescurry.

Le frère de Jean Bertrand est aussi boucher, on peut penser que les deux frères travaillaient ensemble.

Nous savons que jusqu'au XIXème siècle, « *laboureur* » désignait le statut du paysan qui possédait la terre qu'il cultivait et au moins un attelage, cheval ou paire de bœufs, et charrue.

---

65 Georges Dupeux, « La société française 1789-1970 », 1972, Armand Colin, p 21

66 Garden, « Lyon et les lyonnais au XVIIIème°siècle », 1970.

67 Gabriel Audisio, « Des paysans XVème-XIXème siècle », 1993, p 342

Vivait aussi à Vic Jean Cestia et son épouse Dominiquette Setze. Il est cultivateur journalier c'est-à-dire un simple manœuvre aussi appelé manouvrier, originaire d'une famille elle aussi de Lescurry.

Alexandre Cestia, dit Darric, originaire de Lescurry, et son épouse de Vic ont cinq enfants à Vic. Alexandre est, dans ce village, métayer du domaine de St Aunis (dit le château) propriété de la famille Lataste, puis laboureur propriétaire.

A Vic nous avons aussi Joseph Cestia originaire de Lescurry, domestique au château de St Aunis et cultivateur, et son épouse Jeanne Marie Ader qui ont deux enfants.

Antoine Cestia, maçon d'une famille de Louit venue s'installer à Vic, a, avec Anne Bire, cinq enfants dont Bernard II partira à Bergerac après son mariage.

Lescurry

En cette fin de siècle Lescurry n'est pas un village attractif, sa population est en forte décroissance. En 1887 l'instituteur écrivait à propos de son village : *« Le sol de Lescurry qui n'est pas des meilleurs, exige beaucoup de soins et d'engrais. »* (Monographie communale des instituteurs)

Monographie communale des instituteurs

En 1886, la ville de Toulouse décide d'organiser, du 15 mai au 15 octobre 1887, une "Exposition internationale sous le patronage de l'Etat". La Mairie de Toulouse qui tient à mettre en place une Exposition de grande envergure, demande au Recteur de l'Académie de consacrer une salle à l'enseignement. La proposition est de présenter « tous les documents permettant de constater l'état actuel de l'enseignement public dans l'Académie de Toulouse et de le comparer à ce qu'il était dix ans auparavant. »

Faisant suite à cette demande, l'inspecteur d'Académie de Tarbes adresse le 11 janvier 1887 aux instituteurs des Hautes-Pyrénées la demande suivante :

« Tous les instituteurs titulaires sans exception, et les institutrices dirigeant des écoles mixtes, devront envoyer à l'inspection académique la monographie de leur commune rédigée, autant que possible, d'après les indications suivantes, qui n'excluent pas les développements nouveaux que les auteurs voudraient donner.

En 1900, on compte seulement huit habitants de Lescurry porteurs du patronyme Cestia alors qu'ils étaient vingt en 1850.

Dans ce village de moins de 300 habitants, beaucoup des Cestia qui y vivent sont implantés souvent depuis plusieurs générations. Sauf rare exception, ils ne viennent pas des villages environnants. A l'inverse certains vont s'installer dans les villages voisins au moment de leur mariage.

Dours

Jean Cestia (1792-1867) cultivateur à Dours est né de père inconnu et de Jeanne Marie Sestia de Dours. Il est médaillé de *« Sainte Hélène »*. La médaille de Sainte Hélène, créée par Napoléon III, récompense les 405 000 soldats encore vivants en 1857, qui ont combattu aux côtés de

Napoléon 1er pendant les guerres de 1792-1815.

Des 4 familles Cestia installées à Dours, seulement deux Cestia ont épousé en dehors de leur village.

A Dours Paul Felix se marie après son retour de la guerre de 1870-1871 contre l'Allemagne.

Louit.

A Louit il y avait en 1850 les familles des trois frères Cestia, Philippe, Martial et Jean, soit, avec leurs enfants et leurs épouses, 15 personnes. En 1900 il ne restait plus que Madame Madeleine Cestia née Dortignac mère d'Honoré Cestia.

Beccas

A Beccas est né Arnaud Cestia et sa sœur Marie, fils et fille de Jean, laboureur. Arnaud quitte Beccas et s'installe à Malabat proche de Beccas dans le Gers. Il y devient maire et son fils Jean-Baptiste magistrat, est nommé le 9 août 1854 chevalier de la Légion d'honneur.

Mais cette nomination intrigue certains, car le père, Arnaud, est Sestia alors que le fils, Jean-Baptiste Président du Tribunal de Tarbes et membre du conseil général, est Cestia …ce qui conduit le maire de Malabat, pour régulariser le dossier, à signer la déclaration suivante :

« …le père signait son nom par un S tandis que le fils a toujours écrit son nom par un C ainsi que cela est à notre connaissance personnelle, et que cela est d'ailleurs établi

---

Biographie de Jean Adnet extraite du dictionnaire des parlementaires français de 1789 à 1889 (A. Robert et G. Cougny)

… après avoir exercé quelque temps la profession d'avocat, entra dans la magistrature.

Lors des élections pour l'Assemblée nationale, le 8 février 1871, il fut porté dans le département des Hautes-Pyrénées sur une liste où figurait M. Thiers, et élu.

Il siégea d'abord au centre droit, et prit une part décisive à la discussion de la fameuse proposition Rivet (séance du 12 août 1871). A peine M. Rivet avait-il demandé que l'on conférât à M. Thiers, chef du pouvoir exécutif, le titre de président de la République, et qu'on prorogeât ses pouvoirs de trois ans, que M. Adnet lui succéda à la tribune pour déposer une contre-proposition ayant pour objet de confirmer purement et simplement à M. Thiers les pouvoirs que l'Assemblée lui avait conférés à Bordeaux. Très favorablement accueillie par la droite, la proposition Adnet obtint, comme l'autre, un vote d'urgence, mais ne fut pas adoptée

M. Adnet n'intervint, à l'Assemblée, dans aucun autre débat important.

Aux élections sénatoriales du 30 janvier 1876, M. Adnet fut élu. Il siégea à la droite du Sénat,

M. Adnet, non réélu au renouvellement triennal du 2 janvier 1882, est rentré dans la vie privée.

par de nombreux actes déposés dans les archives de la présente commune que feu M. Cestia père a signés en qualité de maire et par d'autres actes signés par le dit Monsieur Cestia fils comme membre du conseil municipal et autrement. »

Quant à la fille de Jean-Baptiste, Izaure Cestia, elle épouse Jean Joseph Marie Eugène Adnet (1822-1900) homme politique français député et sénateur qui siège à droite dans l'hémicycle de 1871 à 1882.

Marie, la fille de Jean Cestia quitte Beccas pour s'installer à Vic-en-Bigorre après son mariage avec Jean Despalanques, négociant à Pointe-à-Pitre en Guadeloupe, fondateur de la société de commerce Despalanques et Cie

Lansac

C'est à Lansac que nait en 1789 Jean Sestian qui épouse Domenge Daubes. Leur fils du nom de Jean Sestia a 6 enfants tous nés à Lansac. L'aîné des garçons est dispensé d'armée car il est *« fils aîné de veuve »*. Ainsi en 1860 il y a, à Lansac, 8 descendants de Jean Sestian décédé en 1854 qui s'appellent tous Sestia.

Autres villages

Des Cestia s'installent aussi dans plusieurs autres villages : à Artagnan Vincent Cestia cultivateur originaire de Louit, à Castelvieilh Paul Hyppolite Cestia cultivateur originaire de Dours, à Castera-Lou Louis Cestia cultivateur originaire de Lescurry. A Lacassagne il y a aussi en 1843 le mariage de Jean-Marie Cestia de Lescurry avec Dominiquette Roques de Lacassagne. Puis en 1846 celui d'Antoine Cestia de Sénac avec Domenge Dulac. Bernarde Cestia de Louit se marie à Saint-Sever-de-Rustan. Jean Cestian Coubé de Lescurry se marie à Sénac en 1786 avec Marguerite Cougot de Sénac qui lui donne 4 enfants, 2 filles, puis 2 garçons. Le premier des garçons est médaillé de Ste Hélène. A son retour de campagne militaire, il s'installe à Sénac. Le second se marie à Dours.

Les Cestia aux Amériques

Argentine

Bernard Cestia est charpentier. Il est né en 1814 à Nay où son père est *« laneficier »* métier du travail ou commerce de la laine. En 1850 il s'installe à Vic-en-Bigorre pour préparer son départ vers l'Argentine. Il fonde une famille à Buenos-Aires où naissent ses deux enfants, Adela Maria et Catalina, en 1855 et 1859.

A Dours, situé à 2 km de Louit, les frères Bernard et Jacques Cestia, d'une famille de cordonniers, partent à Montevideo l'un et l'autre vers l'âge de 20 ans, vers 1860 pour le premier et 1866 pour le second. Bernard y exerce le métier de cafetier puis de boulanger. Il se marie une première fois, mais devient veuf rapidement. Il s'installe alors à Buenos-Aires où il épouse à 40 ans sa cousine germaine Dorothée Cestia, 26 ans, née à Castelvieilh d'une famille elle aussi originaire de Dours.

Joseph Cestia (1847-1871) est né à Pujo (prés de Vic) d'une famille originaire de Vic-en-Bigorre. A 19 ans (1866), avant d'être convoqué pour le conseil de révision, il migre vers Buenos-Aires. Vers 1895 il est rejoint par sa sœur Marie et son beau-frère Joseph Dedieu.

Joseph Dedieu est originaire de Vic. Il épouse Marie Cestia également de Vic-en-Bigorre. Ils s'installent à Tarbes où il est bijoutier. En 1881 naît leur fils Michel Georges. C'est après la naissance de leur enfant que la famille migre vers Buenos-Aires en 1895.

Jean Cestia est né en 1813 à Lescurry dans une famille originaire de ce village. Il se marie en 1843 à Lacassagne où naît son fils Dominique. Il s'installe ensuite entre 1860 et 1870 à Buenos-Aires. Il revient finalement à Lacassagne vers 1872.

Louisiane

Jean Alphe Cestia (1834-1860) migre en Louisiane très jeune à 14 ans (1848). On peut penser que ses parents ne l'ont pas laissé partir seul de Vic-en-Bigorre sa ville natale. C'est sans doute accompagné d'un parent ou ami qu'il arrive en Amérique où il retrouve Bertrand Cestia également de Vic. Il ne reste pas à la Nouvelle-Orléans mais s'installe à Abbeville où il épouse Marie Zulma Fontelieux qui a 16 ans, il en a 22. Trois ans après son mariage et après la naissance de son fils Alexander et de sa fille Marie Laura, il décède à l'âge de 25 ans. Son épouse Marie Zulma s'installe alors à Vermillion puis 9 ans plus tard à New-Iberia où elle décède à l'âge de 37 ans (1877). Alexander aura de nombreux enfants.

Les Cestia en Italie

Je ne sais rien sur les Cestia en Italie, mais je vais tout vous dire... Les Cestia en Italie font partie des 12% de fiches pour lesquelles mes recherches n'ont pu aboutir d'une manière satisfaisante. Je vous livre donc ce que je sais comme celui dont le bateau va couler, et qui lance une bouteille à la mer avec un message à l'intérieur qu'il espère être lu un jour quelque part.

Fortunato Cestia

Fortunato Cestia est né à la fin du XIXème siècle à Rome rue San Felice Circeo (12 km du centre de Rome). Lorsqu'à l'été 1907, il embarque à Naples à bord du Cretic à destination de l'Amérique, il habite chez sa mère dans la maison où il est né. Il arrive le 27 juillet 1907 à New-York avec 12 dollars en poche. Il est ouvrier agricole, célibataire et ne sait ni lire ou écrire. Il doit retrouver son beau-frère aux Etats-Unis J. Antonia Armento Payton. Le médecin H Mc Maste qui l'examine le trouve en bonne santé.

Sérafina Cestia

Sérafina Cestia, née vers 1875 à Alcara li fusi en Sicile, débarque à New York le 16 septembre 1910 pour retrouver son frère. Elle vient de Palerme en Sicile. Elle ne sait ni lire ni écrire. Elle a 15 $ dollars en poche.

C Cestia
C Cestia est né en 1854 en Italie. Il débarque en 1890 à New York à bord du *« La Normandie »*

Giuseppe Cestia
Giuseppe Cestia est italien, né vers 1876. Il vient de Tusa situé entre Messsine et Palerme. Il a voyagé à bord du Vancouver. C'est un marin. Il ne sait ni lire ni écrire. Il arrive à Boston en 1903.

Giovanni Cestia
Giovanni Cestia est italien. Il ne sait pas écrire son nom qui est transcrit phonétiquement en espagnol. Ainsi lorsqu'il s'installe et se marie en Argentine avec Rosa Braidoti, il devient Juan Ceschia. Entre 1885 et 1905, ils ont 9 enfants.

Maria Cestia
Maria Cestia est née en Italie vers 1826. A l'âge de 72 ans, le 22 avril 1898, elle débarque à New York en provenance de Gênes.

11. Les Cestia en France au XXème siècle

Les chiffres présentés ci-après sont ceux de l'INSEE. Ils concernent les patronymes Cestia, Sestia et Sestiaa. On observe à la fois un faible nombre de naissances et une forte décroissance, en France sur la période 1891-1990 des naissances avec ces patronymes.

A titre de comparaison il est intéressant de noter que les mêmes statistiques de l'INSEE dénombrent sur la seule période 1891-1915 pour les Durand 19 231 naissances et pour les Dupont 10 789.

Naissances en France par département de 1891 à 1990

1891-1915		Cestia	Sestia	Sestiaa	Total
Bouches-du-Rhône	13	2			2
Gers	32	2			2
Gironde	33	3			3
Pyrénées-Atlantiques	64			7	7
Hautes-Pyrénées	65	1	2		3
Total		8	2	7	17

1916-1940		Cestia	Sestia	Sestiaa	Total
Haute-Garonne	31			2	2
Gironde	33	5			5
Pyrénées-Atlantiques	64			6	6
Hautes-Pyrénées	65	7	2		9
Total		12	2	8	22

1941-1965		Cestia	Sestia	Sestiaa	Total
Gard	30	2			2
Gironde	33	5			5
Hérault	34	1			1
Marne	51	2			2
Pyrénées-Atlantiques	64			7	7
Hautes-Pyrénées	65	5	1		6
Yonne	89	1			1
Total		16	1	7	24

1966-1990		Cestia	Sestia	Sestiaa	Total
Gironde	33	2			2
Marne	51	2			2
Pyrénées-Atlantiques	64			4	4
Hautes-Pyrénées	65	1			1
Hauts-de-Seine	92	4			4
Total		9		4	13

1891-1990		Cestia	Sestia	Sestiaa	Total
Bouches-du-Rhône	13	2			2
Gard	30	2			
Haute-Garonne	31			2	
Gers	32	2			2
Gironde	33	15			15
Hérault	34	1			
Marne	51	4			
Pyrénées-Atlantiques	64			24	24
Hautes-Pyrénées	65	14	5		19
Yonne	89	1			
Hauts-de-Seine	92	4			
Total		45	5	26	76

12. de 1900 à 1946 Felix Cestia

Lorsque les trois frères Cestia débarquaient à Bordeaux, ils laissaient tout derrière eux, leur enfance, leur pays. Ils quittaient Felipe, Émilio, Julio pour devenir Philippe, Émile et Jules, trois jeunes immigrés.

Leur bateau avait quitté le Rio de la Plata il y a presque quinze jours. Il était parti de Buenos-Aires, puis avait fait escale à Montevideo. C'est là qu'ils avaient embarqué avec leur père et leur grand-mère paternelle qui, peu de temps auparavant, avait fait le voyage dans l'autre sens lorsqu'elle avait appris le veuvage de son fils Honoré et le décès de son dernier enfant Victor. La *« légende familiale »*, je veux dire par là des faits qui m'ont été rapportés oralement mais que je n'ai pas pu vérifier, raconte qu'elle aurait triché sur son âge pour pouvoir faire la traversée.

Les trois jeunes n'avaient à Montevideo que leurs grands-parents maternels, ils ne connaissaient qu'en photo cette grand-mère Madeleine qui, un beau jour, arriva de France pour les consoler du chagrin qu'ils avaient à la fois de la perte de leur mère décédée en 1899 lors de l'accouchement de son fils Victor, mais aussi de la peine qu'ils avaient du décès accidentel de Victor survenu dans sa première année. C'est ce

dernier malheur qui décida la grand-mère Madeleine Marthe Dortignac à venir chercher son fils et ses trois petits-enfants.

Grand-mère Madeleine était venue aider son fils pour son déménagement. Ils quittaient donc Montevideo et la vie confortable dans un bel appartement situé au dessus du magasin de chaussures géré par leur père et Domingo Dupont le cousin germain de leur mère. Ils quittaient ainsi leurs cousins Dupont, Domingo et son épouse Eugénie et leurs trois enfants, qui étaient aussi leurs voisins de palier. Il y avait Eugenio du même âge que Felipe, la Potota et Juan-Carlos le dernier, qui avait seulement quelques années mais montrait déjà son caractère énergique.

De retour en France Honoré et ses trois enfants ne s'installent que provisoirement dans la ferme familiale à Louit ; mais après presque vingt ans passés à Montevideo, il préféra finalement vivre à Aureilhan plus proche de la ville de Tarbes où ses enfants purent plus commodément être scolarisés. Et puis son épopée uruguayenne lui avait donné une certaine aisance matérielle, [68] il était maintenant rentier. Il acheta donc une auto et ainsi Louit situé à environ 8 kilomètres devint beaucoup plus proche.

L'ainé des trois enfants, mon grand-père, était de nationalité uruguayenne car son père n'avait pas fait, à sa naissance, les démarches nécessaires pour qu'il ait aussi la nationalité française. Son prénom d'état civil était Felipe, qui devint Philippe sur les documents officiels français. Mais en fait tout le monde l'appelait Felix. Un prénom utilisé fréquemment dans le Rio de la Plata. La consonance proche de Felipe explique sans doute l'usage de cet autre prénom. A son arrivée en France vers 1900 il avait tout juste 14 ans. Avant lui ses parents avaient eu un fils Juan décédé vraisemblablement très jeune.

Ensuite il y avait Emile qui avait deux ans de moins que Felix, puis Jules qui était arrivé 4 ans plus tard.

En Uruguay avec leur mère qui était une *« Orientales »* [69] nom par lequel on désignait les habitants de la République Orientale d'Uruguay, ils parlaient l'espagnol et avec leur père le français.

Felix, une fois diplômé de l'Ecole Supérieure de Commerce de Bordeaux, trouva à s'employer au consulat d'Uruguay à Marseille. Il s'installa à l'*Hôtel des deux mondes*.

---

68 En 1902 le contrat de mariage entre Honoré Cestia et Anna Villa fait état du patrimoine d'Honoré en valeurs mobilières et immobilières de 50 000 Francs soit environ 135 000 € de 2016 ce qui représente environ 27 ans du salaire moyen annuel d'un ouvrier en 1900. Aujourd'hui 27 ans de Smic annuel font environ 380 000 €.

69 Victorine Mothe la mère de Felix, Emile et Jules avait la double nationalité française et uruguayenne.

Il y rencontra sa future épouse Julie Laurens, la fille de la patronne originaire de Pélissanne. Il l'épousa en 1912.

Julie présenta Emile, son futur beau-frère ; à une connaissance de Pélissanne, Fernande Gauthier. L'année suivante en 1913 Emile épousait Fernande issue d'une famille bourgeoise de Pélissanne.

Et c'est ainsi qu'Emile devint receveur des postes à Salon de Provence à quelques kilomètres de Pélissanne.

Emile et Felix aimaient le théâtre, la musique, les arts. La sœur de Fernande jouait habilement et avec talent du piano. Cette jeunesse aisée profitait bien de ces quelques années de bonheur.

Mais la maudite guerre arriva. Felix qui envisageait un voyage à Montevideo dut y renoncer. Jules qui était sous les drapeaux lorsque l'Allemagne déclara la guerre à la France fut le premier à être mobilisé (août 1914). En septembre il était au combat.

Felix Cestia

En août 1914, Felix qui était Uruguayen échappa à la mobilisation.

Poursuivant sa carrière au consulat d'Uruguay à Marseille où il était rentré dés la fin de ses études en 1912, il devient chancelier, puis il est nommé le 17 juillet 1925 vice-consul d'Uruguay à Marseille.

1925 Nomination de Felipe Cestia vice consul d'Uruguay à Marseille

Le Président de la république orientale de l'Uruguay fait savoir : qu'en souhaitant augmenter les relations et maintenir la communication nécessaire entre cette

République et celle de la France, il a nommé le citoyen Felipe Cestia pour assurer la charge de vice-consul à Marseille.

Par conséquent il demande au Gouvernement de la France de permettre à Monsieur Felipe Cestia d'exercer librement les fonctions de vice-consul avec les prérogatives et les exonérations correspondant à son rang et à sa fonction.

J'envoie ce brevet estampillé avec le timbre des Armes de la République et authentifié par le ministre secrétaire d'état du département des relations extérieures, à Montevideo le dix sept juillet mille neuf cent vingt-cinq.

Parallèlement à sa charge de diplomate, Felix avait une activité libérale d'agent d'assurance qu'il exerçait, comme sa charge de diplomate, dans les bureaux qui occupaient une partie de son appartement au 37, rue Estelle à Marseille.

Après la naissance de Maurice en 1913, à l'état civil *« Mauricio Mario Honorato »*, dit pendant ses premières années *« Mimi »*, viendront 2 ans plus tard Chiquita dite *« Tita »*, puis encore 4 ans plus tard Emile dit *« Milou »*

Les vacances se passaient souvent en famille à Louit (Hautes-Pyrénées). Le trajet pour rejoindre l'oncle et la tante d'Aureilhan, Jules et Thérèse, se faisait en vélo, parfois avec la jeune cousine sur le vélo, avec ou sans chutes…l'oncle Jules, quant à lui, faisait les déplacements avec la charrette et la jument.

Mais le bonheur de Felix et Julie ne dure pas bien longtemps. En 1928, la tuberculose atteint mortellement Chiquita qui n'a alors que 12 ans.

En 1934 ce sont les vacances en Italie, du 14 juillet au 22 août, vraisemblablement chez une lointaine cousine de Julie, la

Marquise Andrée del Rangoni Castel Crescente ...1934 c'est aussi l'année où Maurice qu'on n'appelait plus « Mimi », signe le 3 janvier avec ses parents, une déclaration, réservée au mineur de plus de 16 ans, par laquelle il demande la nationalité française qui lui est accordée le 16 mars 1934. [70]

Et puis en 1936, à nouveau la fatalité de la maladie s'abat sur la famille avec le décès de Milou atteint lui aussi par la tuberculose à l'âge de 16 ans.

En juin 1937 Maurice termine ses études d'ingénieur à Grenoble. Felix et Julie se retrouvent alors seuls à Marseille.

Et à nouveau la guerre arriva, Maurice qui, avant sa majorité avait décidé d'être français, fut mobilisé. Il combat du 2 septembre 1939 au 25 juin 1940 au Plateau de Rhobach, en Basses-Vosges et en Somme ce qui lui vaut deux citations à l'ordre du Régiment et la croix de guerre (2 étoiles Bronze).

En avril 1942 la France est occupée par les Allemands. Pendant le conflit mondial l'Uruguay reste neutre. Cependant un incident entre Anglais et un bâtiment militaire au large de Montevideo conduit l'Allemagne à suspendre ses relations diplomatiques avec l'Uruguay le 25 janvier 1942.

C'est pourquoi, Felix ne peut pas obtenir l'autorisation de se déplacer en région parisienne pour assister au mariage de son fils. Seule Julie son épouse, qui elle est française, obtient l'autorisation. Ce n'est qu'en septembre que Felix peut, à Alès dans le Gard, faire la connaissance de sa belle-fille.

Un peu plus tard en 1943, les relations difficiles entre l'Allemagne et l'Uruguay conduisent à de nouveaux ennuis. Les Allemands font savoir à Felix qu'il a le choix entre aller en Uruguay ou aller en Espagne où Franco accepte de l'accueillir. Il opte pour l'Espagne. Il est immédiatement reconduit à la frontière par deux officiers allemands. Pendant plusieurs longs mois il ne peut communiquer avec sa famille. Il réussit ensuite à faire passer du courrier par la Suisse.

A Barcelone il a rang de diplomate. La *« légende familiale »* raconte qu'au cours d'une partie de chasse où il avait été invité par Franco, celui-ci lui aurait fait des confidences sur la difficulté de la solitude que l'on ressent au pouvoir...personnellement j'ai toujours trouvé cocasse qu'un dictateur se sente seul et en souffre ... On raconte aussi que Jules, à propos de cette partie de chasse, aurait dit à son frère Felix *« Heureusement qu'ils ne t'ont pas donné un fusil, car habile comme tu es, tu aurais pu tuer Franco ! »*

A la fin de la guerre bon nombre de républicains espagnols qui s'étaient refugiés en France espèrent prendre le pouvoir en Espagne sans pour autant trouver le soutien

---

70 En application de la loi du 10 août 1927.

international espéré. Churchill déclare en mai 1944 *« Les problèmes politiques intérieurs en Espagne sont l'affaire des Espagnols eux-mêmes »*

C'est dans ce contexte que le 26 janvier 1946 le gouvernement français décide de la fermeture de la frontière avec l'Espagne à partir du 1er mars 1946.

Malgré ce contexte politique difficile, Felix peut du 5 mai 1945 au 6 juin 1945 revenir en France pour un court séjour.

Le 28 janvier 1946, avant la fermeture de la frontière, *« Lili »* l'épouse de Felix est autorisée à le rejoindre à Barcelone. Mais ils ne peuvent revenir en France qu'en octobre 1946.

Felix reprend alors ses fonctions de vice-consul et Chancelier du consulat de l'Uruguay à Marseille.

L'Uruguay reste neutre dans les deux conflits mondiaux. Elle rompt ses relations diplomatiques avec l'Allemagne le 7 octobre 1914, mais ne rejoint pas les 23 états souverains qui déclarent la guerre à l'Allemagne. L'Uruguay reste neutre pendant le début du second conflit mondial malgré les pressions internationales pour rejoindre les alliés. Mais le 25 janvier 1942, l'Uruguay rompt ses relations diplomatiques avec l'Allemagne nazie.

Cette position médiane est celle aussi de Franco qui pendant le conflit de la seconde guerre mondiale apporte un soutien matériel et militaire aux Allemands en reconnaissance de l'aide reçue pendant la guerre d'Espagne. Cependant, il n'entre pas dans le conflit mondial. L'Espagne stationne des forces armées dans les Pyrénées pour dissuader l'Allemagne de l'occuper. En fait, le régime de Franco, par son pragmatisme, adopte une attitude médiane afin de ménager ses intérêts.

« Lili » pour certains, *« Mamy »* pour d'autres, ne s'est jamais vraiment remise des deuils de ses enfants et de son mari parti 22 ans avant elle à 66 ans. Longtemps après, lorsqu'elle évoquait ces souvenirs douloureux, les larmes lui venaient aux yeux, et puis il y avait aussi les trois ans d'exil de son mari qui lui avaient volé une partie de sa vie.

Felix était un intellectuel. Il aimait les livres, il lisait beaucoup. C'était un lecteur fidèle de la revue *« Les Annales politiques et littéraires »* qui publiaient des œuvres littéraires, mais aussi des chroniques politiques, historiques et artistiques. La revue connut un franc succès, notamment auprès de la bourgeoisie de province.

Felix était aussi un adepte de l'esperanto cette langue universelle née de l'espoir d'un monde unifié par une seule culture.

Lui le diplomate qui avait dû défendre la neutralité de son pays dans les deux conflits mondiaux, alors qu'en 1914 ses deux frères risquaient leur vie et que l'un d'eux était mort pour la France, devait comprendre plus que tout autre le besoin de paix.

> **L'espéranto** est une langue internationale qui n'est la langue officielle d'aucun Etat. En 1887 Ludwik Zamenhof, sous le pseudonyme Doktoro Esperanto, publie le projet « *Langue Internationale* ». L'espéranto est présenté comme une solution efficace et économiquement équitable au problème de communication entre personnes de langues maternelles différentes.
>
> Très vite, l'espéranto rencontra un vif succès. Durant ces premières années, l'espéranto fut essentiellement une langue écrite. Le premier congrès mondial d'espéranto se déroula en 1905 à Boulogne-sur-Mer. Il marqua un tournant important pour l'espéranto. La langue qui était jusqu'alors essentiellement écrite fut dès lors de plus en plus utilisée pour des échanges directs, notamment lors de rencontres internationales et des congrès.
>
> La Première Guerre mondiale mit un frein au développement de l'espéranto, qui reprit cependant au cours des années 1920 dans l'enthousiasme généré par les espoirs de paix issus de la création de la Société des Nations. Mais les années 1930, avec la montée en puissance des régimes totalitaires, puis la Seconde Guerre mondiale, marquèrent un nouveau coup d'arrêt au développement de l'espéranto.
>
> Aujourd'hui, l'espéranto est une langue internationale qui, 130 ans après sa création, est utilisée par des personnes provenant d'au moins 120 pays à travers le monde, y compris comme langue maternelle.

Le destin de Felix avait tenu du hasard, d'une inadvertance, d'une erreur ; Honoré son père ne savait pas que pour que son fils soit uruguayen mais aussi français comme lui, il fallait déclarer sa naissance auprès des autorités françaises à Montevideo...

Pour les enfants suivants il fit le nécessaire, ils eurent de ce fait dès 1914 un destin très différent...

13. 1914-1918 Emile et Jules Cestia

La période à laquelle est consacrée ce chapitre, est marquée par un événement majeur : la guerre. Mais comment parler de la guerre, lorsque l'on ne l'a pas soi même connue ? Exercice difficile auquel je n'ai pas osé me frotter. J'ai donc préféré laisser parler les témoins à travers les lettres que j'ai retranscrites.

Dans ces lettres nous assistons parfois incrédules, parfois avec stupeur, à l'inquiétude de parents devant le patriotisme destructeur de leur fils de 17 ans, et à sa rage de vaincre l'ennemi, patriotisme guerrier qui peu à peu se transforme en rêve de gloire.

L'angoisse d'une grand-mère qui a « *tant soigné ses petits-enfants* » et qui tremble tous les jours de la peur de les perdre, le malheur d'une jeune épouse qui après le bonheur de son premier enfant voit sa vie tout entière basculer par son veuvage sont les tristes réalités de cette guerre qui nous sont aussi révélées par ces correspondances.

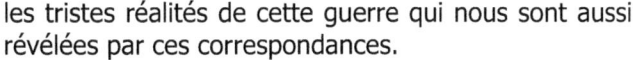

Cependant au milieu du carnage des soldats des deux camps on aperçoit, pendant quelques heures durant, une légère brise d'humanité et de fraternité lorsque quelques soldats, pour enterrer leurs morts, désobéissent aux ordres les obligeant à s'entretuer.

Alors que dire à ceux qui prétendent que l'on a gagné la guerre de 14 ? Qu'il faut nuancer leur pensée, car ces témoignages démontrent que dans une guerre il n'y a peut-être que des perdants.

Emile Cestia

En 1910 Emile est convoqué au conseil de révision. La décision est « *classé service auxiliaire* » à cause d'une malformation au pied gauche. Il est donc incorporé dans les sapeurs télégraphistes où il sert de 1910 à 1912

En mai 1913, Emile n'avait pas encore 24 ans. Il habitait Salon et était en plein préparatif de mariage avec Fernande Gauthier qui, comme sa belle sœur Julie Laurens, était de Pélissanne.

Honoré son père lui annonce qu'il ne pourra pas se rendre à son mariage. Il invoque des problèmes de santé qui cachent sans doute des problèmes d'argent liés à la crise économique qui sévissait alors. En effet, sa situation de rentier exposait ses ressources aux vicissitudes économiques. C'est ce que nous apprend la correspondance de Felix à son frère Emile.

Marseille le 26 mai 1913

Mon cher frère,

C'est avec une grande tristesse que j'ai lu dans ta lettre que décidément papa ne venait pas assister à ton mariage. Je comprends facilement ta déception et la peine que cela a dû te causer aussi bien qu'aux parents de ta fiancée. Mais ayant reçu une lettre de papa la veille même de la tienne et où il ne nous disait pas un mot, rien, sur ton mariage, ce silence m'a fort étonné et m'a fait craindre quelque chose. Il me disait seulement que la santé laissait à désirer ; j'avais répondu de suite pour les engager à venir quelques temps avant et même de profiter pour aller jusqu'à Nice, mais elle est devenue inutile par suite de leur décision que tu m'annonçais ensuite. J'écrivais en même temps pour laisser venir Jules avant et nous entendre pour le cadeau. Je n'ai pas encore reçu de réponse.

Je vois que tu as reçu les papiers, j'espère en règle [71]. Quant au montant et comme c'était convenu je l'ai payé, le traducteur ayant fait présenter le reçu le lendemain.

Comme il fallait s'y attendre ce mardi soir vous avez manqué le train ; par suite, ces dames en ont profité pour compléter leurs achats, ainsi malheur est toujours bon à quelque chose !

Sans doute tu dois être dans la fièvre des préparatifs. As-tu donné des ordres pour les meubles ?

Il me semble qu'il vaudrait mieux que tu les fasses venir au plus tôt, car cela doit donner des tracas ce transport et tu sais tu en auras assez dans les derniers jours.

Il me vient une idée en ce moment même, bien que peut-être elle ne te sourira pas beaucoup. Pourquoi ne reverriez vous pas la cérémonie de quelque temps pour attendre que papa et Anna soient suffisamment rétablis pour pouvoir venir ? Je te la soumets sans espérer pourtant qu'elle te séduise.

J'ai écrit également à grand-mère pour insister qu'elle se décide à venir faisant valoir l'absence de papa et ainsi elle représenterait seule la famille

As-tu reçu une réponse ferme de Marie-Louise [72]

---

71 Il s'agit d'un courrier du 3 mars 1913 par lequel Emile demandait au consulat de Montevideo un extrait de son acte de naissance et l'acte de décès de sa mère Victorine Mothe. Ce courrier est actuellement conservé aux archives de Nantes.

72 Marie-Louise Sentubery épouse Lalanne cousine Germaine de leur mère Victorine Mothe. Marie-Louise habitait Tarbes.

Ci-joint je t'envoie ces quelques vers [73] que j'ai faits sur Pélissanne, qui devient pour toi aussi la patrie d'adoption. Je te demande pour eux toute ton indulgence, car ils en ont bien besoin.

Notre meilleur souvenir à la famille Gauthier, un affectueux bonjour à ta future, et toi, reçois de nous, deux mille (1000) baisers.

Titi Felipe (Ton petit Philippe)

Le 23 février Fernande l'épouse d'Emile était enceinte de 7 semaines environ. La nouvelle a vite circulé dans la famille. C'est ce que nous apprend la correspondance de Felix à son frère et à sa belle-sœur.

Marseille, le 23 février 1914

Cher frère et chère sœur,

Une profonde et inespérée surprise nous a causé votre lettre nous annonçant la nouveauté ? Et que nous a confirmé votre père et beau-père lors de la visite faite ces jours-ci. Un délai de quelques jours seulement était encore nécessaire pour que les probabilités deviennent des certitudes. Celles-ci sont-elles réalisées ? Et suivant le cliché les espérances de la dynastie semblent avoir reçu quelques réalisations qu'on emploie avec ce style obscur des nouvelles des cours.

Nous espérons que cela ne vous contrarie pas et que malgré les ennuis et les tracas que cela occasionne, la nouvelle vous aura séduite.

Avec regret nous voyons que vous avez renoncé à votre voyage !

Si vous voulez vous accommoder avec notre installation vous pourriez venir sans crainte aucune. Fernande et Lili coucheraient au lit, Emile et moi dans un matelas par terre. Ainsi vous ne seriez pas obligés d'aller à l'hôtel. Si cela ne vous gêne pas, vous n'avez qu'à venir.

Maurice est guéri depuis longtemps de son rhume, il est très bien portant à présent. Il profite bien, il pèse 7k700 et a déjà deux dents. Il jargonne volontiers, il est sage et intéressant.

Toujours hétérophiles, je vois que vous ne ratez pas une seule représentation. Ainsi vous avez été voir l'Homme qui assassina [74] et Anna Karénine [75], justement deux pièces tirées de romans, et qui ne les valent pas de beaucoup, même celui de Farrère qui pourtant pour ma part ne m'est pas antipathique. Je préfère de beaucoup Karenine, bien que le sujet soit violent et par trop pathétique.

---

73 Les vers hélas ont été perdus. Felix aimait volontiers, lorsqu'une occasion se présentait, marquer un événement par quelques vers.

74 « *L'homme qui assassina* », pièce en quatre actes d'après le roman de Claude Farrère publié en 1913.

75 Une adaptation au théâtre du roman de Tolstoï.

Nous vous souhaitons agréable et joyeuse soirée au bal masqué du cercle des arts, où vous comptez y aller, parés de « tango et vert empire » le rapprochement est typique, tango 'dernier siècle républicain' et vert de l'empire (histoire [anaine] et réactionnaire) ; tu as dû recevoir comme nous des nouvelles de Jules qui est abasourdi par le surmenage. [76]

Nous vous attendons donc bientôt à moins que la séparation de corps ne vous soit par trop triste ...

Notre meilleur souvenir à tous les vôtres et pour vous mille affectueuses pensées

Titi Felipe (ton petit Felipe)

La grand-mère Madeleine qui était souffrante au moment du mariage de son fils Emile était enfin décidée à se rendre à Salon mais hélas la mobilisation est décrétée le 1er août 1914. Deux jours plus tard, l'Allemagne déclare la guerre à la France. Sa correspondance nous dit son émotion et son inquiétude.

Louit le 1er Aout 1914

Mon cher Emile,
Je réponds à ton aimable lettre que vous êtes en bonne santé et surtout Fernande qui va bien ; pauvre ami ; les tristes nouvelles qui m'empêchent d'aller vous voir à présent que j'étais décidée ; ça me tardait de vous voir et surtout le petit Maurice qui est si joli et si mignon. Aujourd'hui j'ai eu une lettre de Jules ça va mal, pauvre ami, il va partir pour la guerre quel malheur et toi, ton père me disait hier peut-être que toi aussi tu devrais partir pauvre enfant. Je suis bien malheureuse. A mes pauvres amis à présent on rappelle les jeunes hommes qui ont servi et les juments qui sont bonnes pour le service [77]. *Je t'assure tout le monde est triste. Je m'étais soignée pour pouvoir aller vous voir, j'étais bien, à présent pense comme je vais être à présent. Si tu devais partir écris-moi de suite. Madame Hir te fait bien de compliments. Tu feras bien de compliments à la famille Gauthier et vous deux recevez de votre grand-mère un million de baisers adieu Emile, Fernande*

Madelaine Cestia

Jules est à la guerre et l'on s'inquiète pour lui mais aussi pour Emile le jeune papa qui risque aussi la mobilisation. Felix écrit à son frère.

Marseille le 24 septembre 1914

Chers frère et sœur,
Je vois que rien de fâcheux n'est arrivé et que le silence n'était dû qu'à un oubli.

---

76 Jules remplit alors ses obligations militaires. La mobilisation sera décrétée puis la guerre déclarée par l'Allemagne 6 mois plus tard en août 1914.

77 L'armée française faiblement motorisée avait besoin de chevaux.

Hier nous avons reçu deux mots de Jules, où il nous dit qu'après l'avoir échappé belle et ayant combattu pendant 6 jours consécutifs, il quittait le front pour se reposer.

Sa compagnie ne comptait plus que 91 hommes sur 250. Comme tu vois c'est une véritable hécatombe. Enfin l'essentiel c'est qu'il est encore sain et sauf. Que ça dure jusqu'à la fin et ce sera épatant. Cela menace pourtant de durer longtemps. Tu as dû recevoir de ton côté, copie des lettres adressées à la maison.

Tu as dû apprendre également l'échec de l'engagement de Juan-Carlos qui n'a pas l'âge. Aussi a-t-on eu tort de vouloir le présenter comme français, car alors l'acte de naissance était essentiel, tandis que dans la légion étrangère on est plus coulant.

Marie-Louise m'a demandé des renseignements sur le service de Tunis pour Mme Pierre Bousquet qui doit venir s'embarquer ici. Aussi ai-je écrit à grand-mère pour qu'elle en profite pour se faire accompagner.

De ton côté écris lui pour qu'elle se décide. Car je te dirai qu'elle nous a écrit et parait très déprimée.

Peut-être vaudrait-il mieux qu'elle reste parmi nous au lieu de rester seule, car elle doit se faire trop de mauvais sang.

Le moment critique approche, sans nul doute avec anxiété. Je vois que commémorant l'alliance actuelle vous avez choisi les noms des souverains actuels, mais pourquoi [pas] Jules pour la France au lieu de Raymond [78]. puisque son souverain s'appelle ainsi quoique portant pas de chiffre romain. De plus pourquoi pas Georgette puisque c'est Georges que vous choisissez si c'est un garçon. A part ces minuties, je trouve votre idée très heureuse et ce sera un souvenir de plus des événements actuels, bien qu'ils resteront gravés quand même jusqu'à la vie.

Comme tu dis, Maurice a bien changé mais cependant il ne marche pas encore seul, en se tenant contre le mur seulement. Il articule qq peu mais pas distinctement ce qu'il y a il comprend tout.

Le consul n'est pas encore rentré, il doit le faire en octobre. Aussi n'est-il pas possible de s'absenter actuellement [79].

D'un moment à l'autre nous attendions donc l'annonce de l'heureuse délivrance de Fernande à qui nous souhaitons bon courage et grande joie.

Sera-ce Georges ou Alberte ? Chi lo sa ? [Qui sait ?] Cependant nous le saurons bientôt. Avec nos meilleurs souvenirs pour tous les vôtres, recevez un million d'affectueux baisers de nous trois.

Ti te Felipe

---

78 Raymond Poincaré président de la République française du 18 février 1913 au 18 février 1920.

79 Avant de devenir vice-consul d'Uruguay il assure l'intérim en l'absence du consul.

Dans ses lettres à son fils Emile, la grand-mère Madeleine exprime son inquiétude pour Jules son petit-fils qui est sur le front et se réjouit qu'Emile soit toujours à Salon auprès de son épouse dans l'attente d'un heureux événement.

Louit, le 24 septembre 1914

Mon cher Emile

Hier j'ai reçu ta lettre du 21 je vois avec plaisir que tu es encore en Avignon. Comme tu me dis que tu es près de la famille et surtout une famille si bonne, je t'assure que je les ai appréciées. Tu es bien heureux d'avoir si bien rencontré. Tu devais le mériter, j'en suis bien contente pour toi. J'aurais bien voulu les revoir mais ça a été impossible. Elles m'ont envoyé une boite de bonbons que j'ai envoyés à Jules. Il les a reçus ; il m'a écrit avant-hier ; il me remercie ; il les a trouvés bien bons.

Il me dit que Mademoiselle Agnès lui a envoyé une carte de Rabastens ; il était très content d'apprendre que j'avais eu cette visite et moi aussi seulement elle a été un peu courte. J'ai reçu une lettre de Fernande avec les photos des deux sœurs et de son papa et de la petite Alberte. Elle est bien belle et mignonne, pauvre chérie ; je l'embrasse bien souvent. Je n'ai pas rendu réponse à Fernande. Tu lui demanderas mes excuses ; comme je n'écris pas bien tu remercieras bien ces dames de la boite de bonbons qu'elles m'ont envoyée.

Je pense que Jules les remerciera. Je lui ai dit que c'était ces dames qui me les avaient envoyés ; tu leur présenteras mes amitiés à toute la famille et toi reçois de ta grand-mère un million de baisers. A Dieu ; Quand tu partiras d'Avignon tu m'écriras. Si tu passes à Tarbes et si tu ne pouvais pas venir j'irai te voir à Tarbes. Jules m'a envoyé la photo d'un baptême d'un petit bébé ; la marraine est assise sur un canon ; il y a 2 curés et des officiers. A Dieu mon ami

Madelaine Cestia

Louit le 25 septembre 1914

Mon cher Emile

Depuis si bon temps que je ne vous ai pas donné de mes nouvelles, je ne pouvais pas, je tremblais impossible de vivre. A présent, depuis que j'ai eu des nouvelles de Jules je suis mieux. Hier je suis allé à Tarbes, il y avait 6 semaines que je n'y avais pas été. A présent je me trouve un peu mieux. Je t'envoie la lettre de hier que Jules m'a envoyée. Tu verras le pauvre s'il l'a échappée belle, [80] pauvre ami, je t'assure pauvre guerre. Je crois qu'elle m'aura la vie. On entend tant de choses, les uns disent une chose, les autres en dise une autre, et toutes des choses terribles.

---

80 Voir le récit fait avec verve par Juan-Carlos dans sa lettre du 27 octobre 1914 page 33.

Chez nous jeunes hommes ou mariés tous sont partis jusqu'à 42 ans. [81] Si tu voyais le village comme il est triste, et les marchés, il n'y a presque rien. Je me suis étonnée hier, il y avait si longtemps que je n'y avais pas été. Celui de cher [chez] de Juquet Jean-Marie est blessé ; il est prés de Toulouse. Il y a tant de morts encore, celui de cher [chez] Du malle est mort ; ton père me l'a dit hier.

J'ai reçu une lettre de Fernande qui me disait que ça lui tardait d'être délivrée ; moi aussi ça me tarde d'avoir de bonnes nouvelles ; quel bonheur que tu ne sois pas parti, il y a de reste pauvre ami j'ai reçu la visite de Madame Blond qui m'a parlé bien de Jules. Il l'aidait à faire la cuisine ; il voulait toujours faire quelque chose pauvre ami. Tu feras bien des compliments à la famille Gauthier, et vous autres deux, recevez de votre grand-mère mon bon cœur dévoué pour tous les deux. A Dieu mes amis

Madelaine Cestia

La bonne nouvelle est arrivée à Tarbes. Le 05 octobre 1914 Marie-Louise Sentubery, épouse Lalanne, écrit à Emile Cestia

Tarbes 5 8bre 1914 [82]

Cher Emile

Au moment de clore ma lettre, le facteur me remet le courrier. Parmi les correspondances je reconnais l'écriture d'une carte lettre et je dis à mon mari : celle ci est probablement l'annonce d'une bonne nouvelle chez Emile. Avide d'en connaitre le contenu je m'empresse de l'ouvrir et ma curiosité est satisfaite. Aussi, cher Emile, sans perdre une minute, je me hâte de t'adresser ces lignes que je joins à la lettre qui était prête à partir, et je t'adresse ainsi qu'à Fernande nos sincères félicitations.

Avec quelle joie, n'avez-vous pas dû recevoir ce précieux rejeton.

Vos désirs sont réalisés. Une fille c'est un nouveau lien qui achève, qui retrempe pour ainsi dire votre union. Désormais vous allez vivre pour une autre que vous même et réunir sur une tête chérie toutes vos espérances.

Je sens bien que mes félicitations ne sauraient rien ajouter en ce moment au bonheur que vous devez éprouver. Mais personne ne saurait m'empêcher de prendre ma part dans tout ce qui peut vous arriver d'heureux.

Nous faisons des vœux pour la continuation de votre bonheur et la prospérité de la petite Alberte (en vous souhaitant de ne pas vous arrêter là) c'est qu'elle s'ennuierait si vous ne lui donniez pas un petit frère !

Et alors votre bonheur sera complet.

Vous avez eu une bonne idée de l'appeler Alberte; ce sera en mémoire de l'époque tragique que nous traversons.

---

81 En fait en août 1914, les classes mobilisées s'étalent de 1896 (38 ans et non 42) à 1913 (20 ans).

82 8bre est une ancienne abréviation qui désigne le mois d'octobre et non le mois d'août.

La France entière gardera longtemps, plutôt toujours, le souvenir du roi Albert. [83]

Léon [Léon Lalanne son époux] et toute la famille prennent part à votre joie et vous envoient leurs bonnes amitiés.

Marie-Louise

PS : meilleurs souhaits pour le prompt rétablissement de la jeune maman. Dans quelques jours, elle aura oublié, les quelques heures de grandes douleurs, pour ne penser qu'à son bonheur !

Dans les derniers mois de l'année 1914, Honoré et Madeleine échangent de nombreuses correspondances avec leur fils et petit-fils Emile. Les lettres de la grand-mère sont pleines de ses émotions, tandis qu'Honoré reste plus pudique dans les siennes.

Jeudi 15 octobre 1914

Chers fils

Ma mère m'a prié de répondre à vos lettres du 17 et 28 septembre et 3 octobre. Elle me dit de l'excuser si elle ne vous écrit pas, la main lui tremble un peu et la vue aussi se trouble quand elle fixe un peu. Elle vous recommande que pour cela de ne pas vous lasser d'écrire. Passé quelques jours elle n'était pas très bien mais à présent elle va mieux. Elle souffre beaucoup du froid des pieds cela lui occasionne des maux de tête. A cause de tout ce qui se passe comme il y a tant de morts et blessés – ici et aux environs à Aureilhan nous avons 10 morts et à Louit sur 4 qui sont allés au feu 3 blessés, celui de chez Tampano est revenu pour 15 jours, celui de Piquet aussi – elle aime à les entendre et cela lui fait mal. Elle craint pour Jules, espérons qu'il nous reviendra. Elle me dit de vous dire qu'elle regrette de n'avoir pas pu aller vous voir mais elle n'était pas trop bien et ne pouvait laisser le bétail n'ayant personne avec elle. Mais elle a été très heureuse en apprenant la venue de Juliette que votre sœur a été exhaussée et surtout que tout s'est bien passé. Bien des choses aimables a la famille Gauthier et en attendant le plaisir de vous lire elle vous embrasse tous les 3.

H Cestia

PS : Quant à Jules j'ai reçu 2 mots hier soir où il me renvoie [...] le mandat que je lui avais envoyé le 13 août en me disant qu'on n'avait pas voulu lui payer parce qu'il manquait la partie D, toi, tu dois savoir ce que c'est, la faute de quelque employé. On me l'a remboursé. Il me dit de lui envoyer plutôt des [billets] de banques dans une lettre. C'est bien ennuyeux pour lui. Il ne m'annonce pas encore qu'il a reçu les 3 colis que je lui ai envoyés il m'a dit qu'il a reçu le tien, espérons qu'il les recevra. Lundi dernier je lui ai envoyé une toile imperméable qu'il m'avait demandée pour la

---

83 Albert 1er de Belgique décide en août 1914 de résister à l'Allemagne.

pluie 120 de large sur 150 j'y ai mis une boite de sardines un peu de sucre. J'ai vu sur les journaux qu'il est interdit d'envoyer des provisions alimentaires, mais j'espère que cela lui parviendra quand même. Nous vous embrassons tous.

H Cestia

Louit, le 2 novembre

Mon cher Emile

J'ai reçu hier une lettre de Jules qui me dit qu'il a reçu 5 colis que toi et Felix et ton père vous lui avez envoyés et Monsieur Candebat et Blon on lui a envoyé un saucisson il me dit qu'il doit être de Soreac [84]. Victorine a dû le porter de sa mère ; il était bien bon ; le même jour il a été nommé sergent, il me dit qu'il aurait fallu une bouteille de vin de Monfocont.

J'ai [u un care doux] moi aussi je lui ai envoyé deux paires de bas que je lui ai fait et puis j'ai donné 5 f à ton père pour lui acheter des provisions ; à présent il aura reçu tout. Ton père m'a dit Jeudi que toi aussi tu devais partir ; dans ta dernière lettre tu ne me le dis pas. A pauvre ami, je suis bien malheureuse de voir [qu'il y a] deux mois j'étais si contente d'avoir une arrière petite demoiselle qui est la seule dans la famille ; ton père [a eu] des garçons, Felix un garçon ; soignez la bien la pauvre petite mignonne. Dans l'espoir de la voir si cette triste guerre cessait et que le pauvre Jules revienne, et quand même avant de mourir j'irai la voir, et le petit Maurice tu l'embrasseras pour moi ma petite, et tu m'écriras de suite si tu dois partir. A mes pauvres amis, moi qui vous ai tant soignés, je ne croyais pas de vous soigner pour une guerre semblable, que si je ne vous rendrais pas réponse à chaque fois écrivez moi. Vous êtes mariés mes pauvres amis. Tu feras bien de complimenter la famille Gauthier et vous autres deux recevez les meilleures caresses de votre grand-mère. A Dieu mes bons amis et sans oublier la petite Alberte ma petite

Madelaine Cestia

Louit, le 19 novembre

Mon cher Emile,

J'ai reçu ta lettre avant hier avec une de Jules qui m'a dit que tu lui as envoyé un colis et qu'il a très bien reçu merci pour lui. J'en ai été très contente pauvre Jules ; si nous pouvions le soigner assez pour qu'il revienne ; après [sans lui] je m'ennuierais avec vous autres. Je lui ai fait deux paires de chaussettes que je vais donner à ton père pour lui envoyer avec d'autres provisions. Lorsque j'ai envoyé les autres je lui avais donné 5 f à ton père pour lui mettre des provisions, mais je lui ferai des bas tant qu'il y restera. Tu me dis que je ne tremble pas ; il y a des moments le matin,

---

84 Castera-Lou dont sont originaires les Sentubery et Soreac, sont des villages qui jouxtent Louit au nord.

quand je me lève, alors je ne tremble pas ; après il y a des moments. Jules me dit qu'il a connu que ma main tremblait et que ma vue changeait et c'est vrai mais lorsque j'écris à Jules j'ai une émotion le cœur serré. Ils en sont revenus 3 blessés celui de cher [chez] Priquet et Dalier et celui de cher [chez] Camparo il se voyait avec Jules. Je t'assure qu'il m'a dit c'est terrible et ils sont repartis tous.

Tu me dis que tu as la visite de Felix et la famille et de Juan-Carlos. Je ne l'ai pas vu ; ton père me l'a dit mais il n'est pas [...]. Tu me dis que le petit Maurice ressemble à son père c'est vrai. Dans la photographie ton père me l'avait dit qu'il ressemblait à son père et moi aussi ; et la petite Alberte, à qui ressemble-t-elle, au papa ou à la maman la petite mignonne que j'aime beaucoup. Si j'étais une hirondelle j'irais la voir. Mais à plus tard, soignez la bien. Tu feras bien des compliments à la famille Gauthier et toi reçoit de ta grand-mère un million de baisers et sans oublier Fernande et la petite Alberte à Dieu mes amis

Madelaine Cestia

Aureilhan, le 10 décembre 1914

Chers fils

Je réponds à votre lettre du 16 9bre[85] dans laquelle nous voyons avec plaisir que vous êtes tous en bonne santé et que la petite Alberte augmente tous les jours de 30 gr environ espérons que cela continuera Quant à nous, toujours à peu près, sauf Anna qui a été malade, elle va un peu mieux. André [7 ans] aussi a été enrhumé.

Tu nous dis que vous avez eu la visite de Juan-Carlos et qu'il est tordant, qu'il vous a bien amusés. Je crois bien qu'il doit s'ennuyer, je le vois souvent toujours tout seul à pied ou en bicyclette.

Quant à Jules j'ai reçu de ses nouvelles hier, il est encore bien Il nous dit qu'il a passé 4 jours de repos très bien qu'ils se sont amusés, ils ont trouvé [?] et du bon. Il nous dit qu'il avait reçu votre colis le 29. Nous lui en envoyons toutes les semaines il en reçoit un peu de tous les côtés et comme les choses vont si mal et les colis postaux sont longs à arriver Nous suspendrons les cadeaux du 1er de l'an pour cette année et on enverra un colis de plus à Jules.

Comme tu me le dis qu'à présent on peut toucher certains titres dans les banques moi je ne peux en toucher aucun encore sauf quelques uns de l'Etat il faut que je me fasse prêter de l'argent espérons que cela ne durera pas trop longtemps.

Ici rien de nouveau à te raconter si ce n'est Mme Sempe qui a voulu se suicider ; elle s'est donné un coup de rasoir à la gorge mais elle n'est pas morte.

Bien des choses aimables d'Anna et André pour vous tous ainsi que des familles Castane Houley et Poineau

---

85 9bre est une ancienne abréviation qui désigne le mois de novembre et non celui de septembre.

Votre père qui vous embrasse tous les trois

H Cestia

PS Nos amitiés à la famille Gauthier

Le 10 décembre 1914 Madelaine écrit à son petit-fils Emile.

Louit, le 10 décembre

Mon cher Emile

Je réponds à ton aimable lettre du 26 novembre. Je vois avec plaisir que vous êtes tous bien. Quant à moi pour le moment je suis assez bien. Aujourd'hui j'ai reçu une carte de Jules. Il me dit qu'il est bien, si toutefois il me dit la vérité. Ici on dit à présent qu'ils vont faire une grande lutte, cette foi il n'en échappera pas. A présent je vais passer quelques jours bien mauvais.

Je lui ai fait 6 paires de chaussettes et ton père les lui a envoyées et j'ai commencé les [tienne] je vais t'envoyer un colis avant Noel. Ton père me les expédiera, pour Jules je fais la même chose. Anna est malade, jeudi ton père me l'a dit. Jamais il ne me parle d'elle et Jeudi il m'a dit que le médecin l'avait trouvée très maigre, qu'elle était anémiée. Il va la piquer deux fois par jours avec de la morphine et Madame Molezen m'a dit que c'était une véritable escablete et qu'elle croyait qu'elle s'en allait de la poitrine. Et donc ton père n'est pas heureux et puis il ne touche pas un sous d'intérêt. Vila lui en a donné et il emprunte ; il me l'a dit Jeudi, et qu'il serait embarrassé pour la soigner. Ici ils sont une vingtaine d'hommes à présent, il ne reste que les vieux c'est triste ; il y a des maisons sans hommes ; on dit qu'elle durera encore 2 ans. Ce n'est pas possible. Tu présenteras mes amitiés à la famille Gauthier et vous deux recevez de votre grand-mère un million de baisers et sans oublier la petite Alberte que vous embrasserez pour moi. Je te fais compliment ; tu m'as dit qu'elle ressemblait à son papa.

A Dieu mes amis

Madelaine Cestia

Emile quitte finalement la poste de Salon en septembre 1915. Le sapeur Emile Cestia du huitième régiment de Génie est mort pour la France des suites de ses blessures à l'hôpital bénévole de Berck plage le 21 septembre 1918.

Son épouse Fernande sera beaucoup aidée par sa sœur Agnès célibataire. Agnès Gauthier longtemps conseillère municipale de Pélissanne sera après le décès de Fernande en 1952 une aide précieuse pour sa nièce.

Jules Cestia

En 1914 internet n'existait pas. La grand-mère Madeleine écrivait donc fréquemment à Felix, Emile et Jules. Seules les lettres adressées à Emile me sont parvenues ; les autres correspondances ont sans doute été perdues.

Jules a été mobilisé dés le début de la guerre de 1914. Plus jeune et sans charge de famille il a été exposé à plus de risques que son frère Emile. La chance pour lui, la malchance pour Emile, Jules reviendra de la guerre.

> Jules Cestia Campagne contre l'Allemagne
>
> Citation : Un officier de renseignement de beaucoup de sang froid. Pendant une période de deux combats a su recueillir et transmettre les renseignements des plus précieux sur les mouvements et les organisations ennemies dans une situation très difficile. A assuré le ravitaillement en munition de la 1ère ligne malgré un feu nourri de mitrailles ennemies.
>
> Sous off de renseignement d'un courage et d'un entrain admirable au cours des combats. A dirigé son service d'observation avec calme et méthode, se portant lui-même aux endroits les plus exposés pour situer des mitrailleurs qui gênaient notre progression. A recueilli ainsi des commandements précieux pour le commandement. Croix de guerre a droit au port de la fourragère du 57 RI.

Le 8 janvier 1915, pour la nouvelle année, Jules écrivait une lettre à Agnès Gauthier la sœur de sa belle-sœur. On trouve dans cette lettre un témoignage d'un peu de fraternité entre soldats français et allemands qu'il m'a paru intéressant de retranscrire ici.

Beaulne [86], le 8 janvier 1915

Bien chère Agnès,

Je m'empresse de vous remercier des vœux et souhaits que vous avez bien voulu formuler dans votre aimable lettre du 22 décembre.

A mon tour je vous adresse ainsi qu'à votre famille mes vœux de bonheur et prospérité à l'occasion de l'année qui commence.

Que 1915 marque la chute de l'empire allemand, la vengeance de l'injure faite à l'Alsace et à la Lorraine, et nous donne une paix favorable amenant le commencement d'une ère de prospérité, d'une reprise des affaires.

Nous ne sommes pas encore malheureusement à ce beau jour, et beaucoup de braves tomberont, du sang sera versé avant la fin des hostilités !!!

Je suis actuellement en 2ème ligne bien tranquille pour le moment, ennuyé seulement par la pluie qui traverse la toiture de la cabane.

Pendant le jour défense de sortir sous peine de recevoir des obus ; pendant la nuit depuis 2 jours je dors comme une marmotte.

Je ne crois pas avoir raconté à Emile ce qui nous est arrivé le 29 décembre.

Ce jour là nous étions dans une tranchée à 50 mètres des boches. Dès 8h ils crient « Camarades approchez, nous ne tirerons pas » Mais personne ne bouge

---

86 Le nom actuel est Vendresse-Beaulne. La commune a été créée en 1923 par la fusion des communes de Beaulne-et-Chivy et de Vendresse-et-Troyon.

connaissant trop bien leur mauvaise foi. Un Allemand nous lance des cigarettes et des biscuits. Voyant que personne ne se dérange, il va tranquillement les rechercher. Un sergent de la 1er C^nie du 57 sort alors de la tranchée, un capitaine boche fait de même et vient serrer la main à notre sous-off.

Il cause avec ce dernier et lui propose de laisser enterrer 6 Français tués à proximité de leur tranchée. C'est accepté.

Allemands et Français creusent ensemble une fosse à égal distance des 2 tranchées. L'inhumation achevée on se salue et chacun rentre chez lui.

Le 1er janvier ces mêmes boches ont parait-il bu le champagne avec les nôtres. Je ne veux pas l'affirmer car je ne l'ai pas vu ayant été relevé le 29 à 19 heures.

Savez-vous ce que le ministre de la guerre nous a offert comme étrennes ?

2 pommes, 3 noix des dattes, une bouteille de champagne à 5. En qualité de sergent j'avais ma demi-bouteille. La veille nous avions un demi litre de vin.

Voilà certes quelques douceurs mais qui ne diminuent pas le regret que l'on éprouve de se trouver loin des siens et de ceux que l'on aime.

Dans l'attente de vous lire ou mieux de vous revoir, recevez chère amie ainsi que votre famille, l'expression de mes sentiments cordialement dévoués.

J Cestia

Au retour de la guerre le sergent Jules Cestia s'installe quelque temps à Marseille, puis à Toulouse en 1922 et à Louit son village natal qu'il quitte en novembre 1925 pour se marier à Aureilhan. Il abandonne alors son métier d'employé des Postes et se consacre, avec son épouse Thérèse, à l'exploitation agricole d'Aureilhan.

14. 1914-1918 Juan-Carlos Dupont

Juan-Carlos, le plus jeune fils de Dominique Dupont, l'associé d'Honoré Cestia dans le commerce de chaussures, avait en 1914 à peine plus de 16 ans. Alors élève dans une école militaire à Montevideo, à la grande désolation de ses parents, il vient en France, sa *« seconde patrie »* selon ses propres termes, pour s'enrôler et se battre contre les Allemands. Il manifestera dans ce projet un enthousiasme et une détermination extraordinaires. Les lettres qu'il fait parvenir alors à ses parents sont un témoignage direct, spontané, authentique, et sans langue de bois sur cette période de notre histoire.

Lors de son séjour en France, Juan-Carlos fait connaissance avec sa famille de France, la famille Cestia – Dominique Dupont et Honoré Cestia, avaient noué des liens étroits à Montevideo – mais aussi avec la famille Lallanne, les cousins germains de son père chez qui il séjourne. Cette période est ainsi l'occasion pour les parents à Montevideo et leur fils Juan-Carlos à Tarbes, ainsi que pour Marie-Louise Lalanne aussi à Tarbes, d'échanger une abondante correspondance dont je donne ici quelques extraits. [87]

Lettre de Dominique Dupont 5/8/1914

Montevideo, le 5 Août 1914

Ma très chère Cousine [88],

Le but de la présente est pour vous annoncer une nouvelle qui viendra vous surprendre. Il y a mon fils Juan-Carlos qui part pour la France, pour se présenter comme volontaire dans l'armée française.

Sur le Lutétia, vont s'embarquer à Buenos-Aires, 1 500 jeunes gens et à Montevideo 400 Français et étrangers. Juan-Carlos fait partie de cette expédition qui débarquera à Bordeaux ou Marseille. Comme l'agence ne savait pas dans lequel des deux ports irait ce bateau, je me suis empressé d'écrire à Felix Cestia pour lui faire part de cette nouvelle. Si J. Carlos va à Marseille, s'il peut, il ira lui faire une visite, en même temps pour lui demander de le guider s'il en a besoin.

Voyant la décision de J. Carlos nous sommes restés tous sans savoir ce qui nous arrivait. Il n'y a pas eu moyen de le faire changer d'idées, il s'en va très content.

(...)

La guerre européenne commence à faire sentir ses effets dans le commerce et l'industrie. Tout, jusqu'à le plus indispensable pour la vie, coûte beaucoup plus cher. Maintenant le gouvernement vient de décréter ordonnant de fermer pendant 10 jours

---

87 Sur un total de 8 lettres de Dominique à sa cousine Marie-Louise et 52 lettres de Juan-Carlos traduites de l'espagnol par son fils Lionel Dupont.

88 Marie-Louise Sentubery épouse Léon Lalanne, fille de Jean Sentubery est née en France, a vécu à Montevideo jusqu'à son mariage à Oleac-Débat.

la Bourse et toutes les Banques et pendant trois mois personne n'aura le droit d'aller convertir l'émission des banques pour de l'or. Cela cause un grand mal.

(...)

Chère cousine, notre pensée étant toujours à ce qu'il peut survenir à J. Carlos, mon cœur se serre, je ne peux plus écrire.

(...)

En attendant de vos bonnes nouvelles, Adieu ma chère cousine. Veuillez agréer l'assurance de nos tendres affections.

Domingo Dupont [89]

Lettre de Dominique Dupont 1/9/1914

Montevideo, 1er Septembre 1914

Ma très chère Cousine,

(...)

Le Lutetia est parti de Montevideo le 24 Août. Comme il pense faire la traversée jusqu'à Bordeaux en 11 Jours, à l'heure où vous recevrez la présente, je crois que vous aurez eu le plaisir de voir J. Carlos. Donc aussitôt que vous recevrez celle-ci, ayez la bonté de me répondre de suite et me dire tout ce que vous saurez de J. Carlos. Nous attendons avec impatience de ses nouvelles.

Chère cousine, cette fois je ne vous envoie que l'extrait de votre compte courant, arrêté à fin août avec un solde en votre faveur de 230,54 piastres pour les loyers de votre maison pour les mois de juin et juillet.

J'ai bien voulu vous envoyer, comme d'habitude, un chèque de ladite somme, mais je n'ai pas trouvé aucune banque qui ait voulu garantir la réception de cette somme. Il paraît, d'après ce qu'on m'a dit dans une banque, que si je vous envoyais un chèque, il ne serait pas non plus payé dans ce moment en France.

Avant la guerre européenne, il y avait à Montevideo, comme dans tous les pays du monde, une grande crise. La guerre est venue l'augmenter. Beaucoup d'ouvriers sont sans travail, et le commerce complètement paralysé.

Avant dans les principales rues, on ne trouvait aucune maison à louer pour installer un commerce. Aujourd'hui, des maisons vides à louer, on en trouve partout, à des prix plus bas. Vos locataires commencent à demander rabais. Ceux qui se sont plaints sont MM Bacherelli et Rossi. Si ces locataires demeurent fermes à leurs prétentions, avant de voir les maisons vides, je leur ferai un petit rabais.

(...)

Domingo Dupont

Lettre de Juan-Carlos Dupont 10/9/1914

---

89 Dominique Dupont, Dominique à l'état civil est né en France. En 1914 il a 52 ans. Il a quitté la France depuis 40 ans. Il signe alors « Domingo ».

A bord du Lutétia, le 10 Septembre 1914

Ma bien Chère Maman,

Comme je te l'avais promis, je t'écrirai du premier port où j'arriverai. Pour l'instant je ne sais si ce sera Dakar ou San Vicente. Nous sommes en effet à 6 heures de l'arrivée et on ne nous a encore rien dit.

Le lendemain de notre départ, à 3 heures du matin, nous avons rencontré un bateau de guerre allemand qui nous attendait. Mais dès qu'il l'aperçut, le commandant fit route au sud, à marche forcée et nous pûmes échapper. Jusqu'à présent, le voyage a été splendide : je mange bien, je dors « macanudo » [90] et je garde beaucoup d'enthousiasme ainsi que mes compagnons. Dès que j'arriverai à Bordeaux je t'écrirai.

Et papa va-t-il mieux ? Et toi es-tu bien ? Ne le laisse pas manger des « Chorizos » et de la saucisse …. Garde-les-moi !

Le monsieur à la barbe est en train de me gronder parce que j'écris au crayon. Dans « 8 jours » nous serons à « Paris de francia ». Dis à « Tio Luis » que je lui rapporterai 8 poils de barbe du Kaiser, parce que les autres je les ai déjà promis. Je ne peux t'écrire mieux, le bateau bouge beaucoup. Environ 80 pour cent des passagers ont eu le mal de mer. Moi, j'ai eu la chance d'y échapper.

(…)

Meilleurs souvenirs à « Tio et Tia Luis », un baiser à Grand-mère Anita, Mama-señora, Bon-papa, à la « Potota » et à toi et à papa (qu'il me garde les saucisses) « un fuerte abrazo » de ton « fils »

Juan-Carlos Cacalo

Souvenir à tous ceux qui demanderont pour moi
Vive ma maman et mon papa !
Hip, Hip, Hip Hurrah !

Lettre de Juan-Carlos Dupont 22/9/1914

Tarbes, Mardi 22 Septembre 1914
à Mme Eugénie M. Dupont
Ma chère maman,

Cette lettre est la quatrième que je t'écris, et je m'étonne beaucoup de ne pas avoir encore reçu de réponse.

Notre voyage de Montevideo à Bordeaux a été splendide. Nous étions 2 400 passagers. Le gouverneur de l'île [91] nous a dit que nous nous étions sauvés par le plus grand des hasards. En effet nous avons été poursuivis par des navires de guerre allemands pendant tout le chemin. La nourriture qu'ils nous donnaient était pire que celle que l'on donne aux chiens, et il y en avait peu.

---

90 La meilleure traduction serait "Au poil" (selon Lionel Dupont).
91 Il doit s'agir de l'île du Cap Vert.

En arrivant à Bordeaux, j'ai reçu une lettre de Marie-Louise me disant de venir. J'ai pris le train à 9h30, après avoir soupé avec Ducousseau, Peyrou, les deux frères Laborde, Durand et tous ceux qui signèrent la carte postale que je t'ai envoyée.

Nous sommes arrivés à Tarbes le lendemain, à trois heures de l'après-midi, après un voyage pénible. Nous avons été très bien reçus.

Comme ils te l'ont dit, dans la lettre que t'a envoyée Tante, il m'est impossible de m'engager malgré toute l'envie que j'en ai. J'attends tes instructions, je ne sais pas ce que je vais faire.

(…)

Sans rien de plus pour le moment, ton fils te quitte ainsi que papa, en t'envoyant un très fort baiser pour Mama-Señora et Bon-papa

Juan-Carlos

Lettre de Juan-Carlos Dupont 22/10/1914

Marseille, le 22 Octobre 1914

Cher petit papa,
(…)
La ville de Tarbes est assez grande et jolie. Partout on voit de larges voies cyclables, mais ce que j'aime le plus c'est la propreté, l'ordre et la tranquillité qui y règne.

(…)

Mon cousin Emile qui s'est marié il y a plus d'un an et a eu une petite fille il y a 17 jours. J'ai reçu une lettre de Felix dans laquelle il me disait d'aller lui faire une visite. J'ai demandé l'avis de M. Louise et me suis décidé.

(…)

Marseille est une ville très animée. Tous les jours arrivent des colonies françaises de troupes anglaises, hindoues, sénégalaises, japonaises, canadiennes et arabes. Les Allemands ont une peur atroce de ces hommes parce que, quand ils font des prisonniers, ils leur coupent la tête et leur dépècent les oreilles pour se faire des colliers autour du corps. J'en ai vu beaucoup.

(…)

Juan-Carlos

Dis à Angelita qu'elle me repasse le costume et les cravates. Il n'a pas le pli. Tout de suite !

Dans quelques jours je t'enverrai quelques journaux de cette guerre. Meilleurs souvenirs de Felix et de Peyrou. Ce dernier part à la guerre dans quatre jours. Les trois Laborde également.

Chàu [92]
Lettre de Juan-Carlos Dupont 27/10/1914

Marseille, le 27 Octobre 1914

Chère maman,

Comme je te le disais dans ma dernière lettre, je me suis fait un devoir d'aller à Marseille pour rendre visite à mon cousin Felix.

Quand je suis arrivé, j'ai été très bien reçu par ma cousine « Lili », qui est très bonne et sympathique, ainsi que par mon petit cousin « Mimi » qui est très mignon, beau et grand, mais qui ne marche pas encore car il a une faiblesse dans les jambes.

Ils avaient l'intention de faire un voyage en Amérique, mais cette maudite guerre les en a empêché.

Mon autre cousin, Jules, comme tu le sais, est au front où il a failli mourir quatre fois. La première fois c'est un morceau de mitraille qui lui a traversé l'oreille, le blessant légèrement. La deuxième fois, cela a été un obus qui lui est passé sous le bras, mettant la capote en lambeaux sans toucher les chairs. La fois suivante il a été nommé caporal.

La dernière, celle où il a été le plus prés de la mort, s'est déroulée ainsi : Le sergent devait faire une commission. Et comme il se trouvait là, il lui dit de rester de garde pour surveiller les vivres. Soudain, l'ordre d'attaque est donné à la compagnie, mais il ne peut faire rien d'autre que de rester là pour garder les vivres jusqu'au retour du sergent. Par chance, le sergent ne revint pas avant 2 heures. De la compagnie qui comprenait 90 hommes au départ, il n'est resté que 8 hommes. Il dit que si ce n'avait été à cause des vivres, il y serait aussi resté avec ses camarades. Il dit qu'ainsi il s'est échappé d'une mort certaine. La guerre est très sanglante. Les hommes tombent comme des mouches. J'ai 15 connaissances du « Lutétia » qui sont morts. Le résultat final, tu peux en être sûre, est que nous vaincrons ces cochons et immondes Allemands. Tous les jours j'en vois. La France en est pleine. Rien qu'à Tarbes, il y en a plus de 3 000.

---

92 Il s'agit d'une expression familière et argotique spécifique au Rio de la Plata et utilisée pour prendre congé d'un ami. Forme de salut et terme d'amitié surtout masculins. Elle signifie en même temps "au revoir et à bientôt". Vous l'auriez très certainement reconnue si je l'avais transposée sous la forme dérivée française de "tchao". Elle est de la même nature que le "Ché" (Tché, comme dans le surnom donné au "Ché Guevara" pour marquer ses origines Argentines). Les deux locutions sont d'ailleurs souvent associées dans le "Chaù chè" pour accroître encore le caractère amical et familier du salut. Le "ché" étant en effet une forme du tutoiement uniquement utilisée en Argentine et Uruguay et ignorée des Espagnols et des autres pays sud-américains...(note de Lionel Dupont).

Quant à moi, malgré mes efforts, il ne m'a pas encore été possible de m'enrôler. Mais il me reste un moyen, c'est d'attendre le mois de Février pour avoir mes 17 ans et me présenter.

(...)

Mon autre cousin Emile a eu une petite fille il y a 15 jours. Il vit à Salon, à 60 kilomètres de Marseille. Je viens de recevoir une lettre dans laquelle Emile m'invite à passer 2 jours chez lui. Mais cela ne me semble pas possible, car j'ai déjà écrit à Marie-Louise pour lui dire que je m'en allais Samedi.

Nous avons visité la ville avec Felix. Elle est très belle, mais a le défaut d'être très sale. Je t'enverrai beaucoup de vues. Il y a Notre Dame qui est à 300 mètres de hauteur, d'où on contemple le panorama de toute la ville, les alentours, la campagne, et tous les forts qui sont en mer.

(...)

Souvenirs à tous de même qu'aux Uruguayens « Orientales »
Chàu ! Chàu ! Chàu !

Lettre de Dominique Dupont 24/10/1914

Montevideo, le 24 Octobre 1914

Bien chère cousine,
(...)

Le 2 courant, j'ai reçu aussi une lettre de Jules Cestia qu'il m'a envoyée de Libourne le 31 Juillet, peu de jours avant de partir à la guerre. Cette lettre est venue à destination après 2 mois et 3 jours. J'ai su par vous et par Felix qu'il a été blessé, je désire que cette blessure n'ait pas de graves conséquences.

Chère cousine, vous ne pouvez vous faire une idée de l'effet que nous a causé votre dernière lettre, en apprenant les démarches que vous avez faites, aussitôt que vous avez su que J. Carlos allait arriver en France, à bord du Lutétia pour aller s'engager comme volontaire pour la guerre. Vous auriez voulu aller le rejoindre à son débarquement, quand sans l'attendre vous recevez sa visite à Tarbes, le 13 du mois passé.

Notre bonheur a été bien grand lorsque nous avons su que, ni au recrutement de Bordeaux, ni à celui de Tarbes, ils n'ont voulu l'enrôler pour l'âge. Cette nouvelle nous a causé un sensible plaisir ainsi qu'à ses aïeuls. Ils ont pleuré de joie voyant qu'ils n'ont pas voulu lui permettre possiblement d'aller se faire massacrer. Il paraît, d'après les nouvelles, que c'est une guerre des plus terribles.

(...)

Domingo Dupont

Lettre de Juan-Carlos Dupont 10/11/1914

Tarbes, le 10 Novembre 1914

Chère Maman,
(...)
Après avoir très bien visité Marseille, nous sommes allés passer 3 jours à Salon, où j'ai été présenté à son épouse Fernande, qui est très froide. La femme d'Emile a une sœur qui est institutrice. Elle joue du piano et chante très bien. J'ai moi même chanté et dansé un tango qui lui a beaucoup plu. Elle m'a demandé de lui procurer des Tangos et qu'elle les réglerait. Mais je lui ai dit que ma sœur en avait des anciens et très jolis. Aussi je te demande, s'il te plaît, de m'en envoyer quelques uns, par exemple 8 à 10.
(...)

Juan-Carlos

Bien des baisers à mes 3 grands-parents et à la Potota.
Souvenirs à Angelita et à tous ceux qui demandent après pour moi.

Lettre de Dominique Dupont 12/11/1914

Montevideo, le 12 Novembre 1914

Ma très chère cousine,
(...)
Je suis heureux d'apprendre que votre frère se trouve à Lourdes, dans la section d'infirmiers et qu'Emile Cestia a été mobilisé dans le bureau des postes de Salon. Lesquels seront exemptés des événements de la guerre, ce n'a pas été de même avec Jules Cestia et mon neveu Jean-Marie, quoiqu'ils ne soient que blessés, ils ont payé avec leur sang le fruit, de cette période tragique.

Nous trouvons que vous avez très bien agi, vous étant mis d'accord avec Mr Gardey Firmin pour qu'il ne donne pas à J. Carlos une fausse déclaration. Quoi qu'il regrette de ne pas aller à la guerre, peut-être quelque jour il comprendra la chance qu'il a eu de ne s'être pas exposé aux rigueurs de cette guerre. Vous présenterez mes amitiés à Mr Gardey Firmin duquel je me suis de suite rappelé et vous lui ferez bien des compliments.

Chère cousine, ci-joint vous trouverez l'extrait de votre compte courant arrêté à fin octobre, avec un solde en votre faveur de $699.18, montant des loyers de votre maison pour les mois d'août et septembre. Aussitôt qu'il n'y aura pas d'inconvénients, je vous ferai parvenir ladite somme.

Vous savez qu'au locataire M. Bacherelli, à la fin du mois d'octobre, je lui ai fait un rabais de cinq piastres par mois. Les autres locataires, pour le moment, payent le même prix, leur ayant dit que je n'avais pas d'ordre de votre part de rabaisser les

loyers. A la maison du locataire Bacherelli, je me suis vu obligé d'y faire quelques petites réparations, le maçon ne m'a pas encore porté son compte.
    (...)

Domingo Dupont

Lettre de Juan-Carlos Dupont 11/1/1915

Tarbes, le 11 Janvier 1915

Ma très chère petite maman,
(...)
Je regrette beaucoup que beaucoup de mes lettres se soient perdues, à cause d'une mauvaise adresse. Je ne sais pas si tu as reçu, il y a une vingtaine de jours, une photo où j'étais en soldat français. Au cas où tu ne l'aurais pas reçue, conserve celle que je t'envoie avec cette lettre. Si tu l'as reçue, donnes la à mes très chers Bonpapa et Mamaseñora. Le morceau de tissu que je t'envoie, tu dois le garder comme souvenir de la guerre. Il a été pris sur un aéroplane de guerre allemand par un ami qui est soldat et qui m'en a fait cadeau. J'ai également cinq balles, des boutons d'uniforme différents que je pense donner à Papa quand je reviendrai à nouveau dans mon pays tant aimé. Je fais six grandes collections sur la guerre qui sont publiées dans des revues. Je ne te les envoie pas parce qu'il faudrait payer beaucoup de frais à la poste, mais je te renouvelle que je te les ramènerai quand je reviendrai.
    (...)

Lettre de Dominique Dupont 16/1/1915

Montevideo, le 16 Janvier 1915

Ma très chère cousine
(...)
D'après les nouvelles que vous me donnez, il paraît que cette maudite guerre est une des plus barbares et dire qu'il y a des gens qui disent que chez les Teutons existe la civilisation. Ceux-ci à Montevideo sont les moindres. La plus grande partie du monde leur donne le nom de sauvages. Dans la presse de Montevideo vous ne trouverez pas un journal qui défende les Allemands. C'est reconnu par tous : Les Allemands n'ont d'autre inclination qu'à faire souffrir. Pour toutes ces choses-là, nous nous trouvons très heureux de savoir J. Carlos, auprès de vous, hors de portée de ces barbares. Cependant il croit réussir à s'incorporer arrivé à ses 17 ans. Comme je ne suis pas de son idée, je ne lui enverrai pas le consentement qu'il m'a demandé. Quel remords ne serait-ce pas pour nous s'il tombait blessé, s'il perdait un bras, une jambe, enfin s'il restait mutilé pour toute sa vie...En vue des nouvelles que vous recevez souvent de divers cousins et amis qui se trouvent sur le front vous faisant savoir les fatigues, les misères et les dangers auxquels ils sont exposés à chaque instant, je ne peux pas comprendre comment toutes ces nouvelles ne fassent pas changer d'idée J. Carlos.

(...)
Chère cousine, n'ayant plus d'inconvénient pour vous faire parvenir le montant des loyers de votre maison, vous trouverez ci-joint un chèque de la somme de (5 158Frs,50) cinq mille cent cinquante huit francs et cinquante centimes, équivalent au change de 5.43 ($ 950 - neuf cent cinquante piastres) pour les loyers des mois de juin, juillet, août, septembre, octobre et novembre 1914, ainsi que l'extrait de votre compte courant arrêté fin décembre 1914 avec un solde de (921$.06 Neuf cent vingt et une piastres et six centimes), montant des loyers de votre maison jusqu'à fin novembre 1914. Cette fois, j'ai pu obtenir un change très avantageux. La banque de Montevideo m'a fait savoir que ce chèque peut être présenté à la succursale du Crédit Lyonnais à Tarbes.
(...)

Domingo Dupont

Lettre de Juan-Carlos Dupont 7/2/1915

Tarbes, 7 Février 1915

Chers parents
(...)
Chaque jour, je me sens de plus en plus d'enthousiasme pour ce morceau de France qui est ma seconde patrie. Tout le monde me dit que c'est le moment de m'engager. C'est en effet sûr que je n'irai pas sur le champ de bataille parce qu'il faut au moins 2 à 3 mois d'instruction et les jeunes gens d'à peu près mon âge, ils ne les enverront qu'au dernier moment, quand aura été signée la paix, pour garder les villes que nous avons occupées en Allemagne. Ainsi donc, vous pouvez dormir, être très tranquilles à mon sujet, car ce sera seulement une belle promenade jusqu'à Berlin. Qu'en pensez-vous ? N'est-ce pas une bonne idée ?
(...)
Dans l'autorisation que tu dois m'envoyer, tu dois mettre que je suis fils de Français, que j'ai 17 ans et que je m'engage uniquement pour la durée de la guerre. Elle devra être également signée par le Consul de France.
(...)
Peyrou me demande que vous ne disiez pas à Montevideo qu'il était dans les tranchées. Dites au contraire qu'il est dans un hôpital comme infirmier. Ainsi, sa mère se fera moins de mauvais sang.

Juan-Carlos Dupont

Lettre de Dominique Dupont 21/3/1915

Montevideo, le 21 Mars 1915

Ma très chère cousine
(...)
Chère cousine, concernant les dépenses de J. Carlos, comme ce n'est pas nous qui l'avons conseillé d'aller à la guerre, il ne doit pas croire qu'il peut abuser de notre bonté envers ses dépenses inutiles. Vous lui direz de ma part, qu'il doit faire son possible de dépenser le moins. Nous ne sommes pas en situation de dépenser beaucoup. L'argent que nous lui avons donné quand il est parti aurait dû lui suffire pour beaucoup plus de temps. Après qu'il eût épuisé son petit capital, vous nous dites que vous lui donnez 5 Frs par semaine et que certaines semaines cette quantité ne lui suffit pas. Sur sa demande, vous lui avez satisfait son désir. Vu qu'il n'a rien à penser, que vous lui achetez ce dont il a besoin, nous trouvons que c'est beaucoup ce que vous lui donnez, à un enfant comme lui, sans expérience ni réflexion... Plus d'argent on lui donne plus il en dépense. Ce serait un mauvais service qu'on lui rendrait et ce serait l'engager à créer des vices. Il doit donc se contenter de moins de 5Frs par semaine. Tachez donc de lui en donner moins.
La seule chose que je ne regarderais pas serait les frais qu'il faudrait faire s'il voulait étudier.
(...)

Domingo Dupont

Lettre de Dominique Dupont 21/5/1915

Montevideo, le 21 Mai 1915

Ma bien chère cousine,
(...)
Puisque J. Carlos reste toujours du même avis - il persiste à vouloir suivre son entêtement pour aller à la guerre, je l'ai toujours reconnu dans toutes ses lettres : on dirait qu'il est né pour être militaire - Je ne sais si j'ai fait bien ou mal, d'accord avec Eugénie, je lui ai envoyé mon consentement. Il doit l'avoir reçu.
(...)

Domingo Dupont

Lettre de Juan-Carlos Dupont 9/5/1915

Tarbes, 9 Mai 1915

Chers parents
Après tant de mois à ne rien faire, sans travailler et à dépenser tant d'argent, je peux enfin te donner une grande nouvelle qui te causera beaucoup de joie, parce que je crois que maintenant, ma carrière est assurée.

Tu croyais que jamais je ne deviendrais un homme. Eh bien en voilà la preuve contraire ! Grâce à ton consentement j'ai pu entrer au 14ème régiment d'artillerie. Mais je n'irai jamais au feu, sinon tout le contraire. Quand je me suis présenté au Colonel, je lui ai tout de suite été sympathique, surtout quand je lui ai dit que j'avais été à l'école militaire de Montevideo. Alors il m'a dit « Je vais faire de vous un homme ». Immédiatement il a parlé au capitaine pour lui demander de me mettre au peloton pour passer au grade de « Brigadier ». Je crois qu'en étudiant comme j'étudie, dans moins de 4 mois j'aurai le grade et alors ils me mettront à l'instruction des jeunes recrues. Cela ne te paraît-il pas une bonne idée ? Tu peux demander à Tía combien j'en suis content.
(...)

Je vais t'écrire toutes les semaines une lettre te racontant tout ce qui m'arrive dans la vie militaire. Tu es contente n'est-ce pas ! Beaucoup de souvenir à la Potota, à mes chers grands parents, à Oncle et Tante, à la Beba, à Angelita et à tous en général et toi reçois un million de baisers et d'embrassades de

Charles.

Bien de souvenirs d'oncle et tante et de tous ceux d'ici.
Mon adresse : Charles Dupont : 14ème Régiment d'Artillerie, 65ème Batterie- 2ème Pièce Tarbes (HP) Maintenant je ne m'appelle plus Juan-Carlos, mais Charles.
Lettre de Juan-Carlos Dupont 20/5/1915

Tarbes, 20 Mai 1915

Chère maman
(...)
Ici je rencontre beaucoup d'Américains qui viennent dans les mêmes conditions que les miennes. J'ai de très bons amis et suis très raisonnable. Quand je reviendrai à Montevideo tu ne reconnaîtras plus ton Juan-Carlos, si timide et craintif et mal élevé, en bref tu ne trouveras rien de mal en moi parce que maintenant je sais ce qu'est la vie et ne suis plus un gosse mais un homme.
(...)

Charles.

Bien de souvenirs de toute la famille Lalanne.
Adios
Lettre de Juan-Carlos Dupont 20/6/1915

Tarbes, 20 Juin 1915

Chers « Mamita » et papa
Je t'écris pour te dire que je suis dans la meilleure santé du monde, comme vous l'êtes certainement tous à la maison.
Je vais maintenant vous raconter ma vie de soldat. Jamais, je ne m'étais imaginé que la vie militaire en France serait si joyeuse et amusante. Tout le monde

m'aime parce que je me fais aimer en étant bon compagnon et ayant caractère gai. Tous les officiers m'estiment beaucoup et tout ce que je demande, ils me l'accordent. Je suis très bon soldat, mais ce qui me fait me distinguer des autres, c'est que je suis très agile à cheval et que j'ai beaucoup de courage pour les sauts à la barre qui est à 1m20 de hauteur et comme j'ai un bon cheval je les saute très bien sans étriers et en lâchant les rennes. Je te raconte cela parce que le Capitaine qui donne des cours m'a félicité.

Cette semaine, nous avons eu des examens et je peux te dire que j'ai eu de très bonnes notes, mais dois t'ajouter qu'ils tiennent compte de ma venue d'Amérique et de mon inexpérience de la langue française.

Ici, je me retrouve avec beaucoup d'Américains et nous parlons souvent de ce pays si beau qu'est l'Amérique. Par contre je ne peux pas voir ces gens des Hautes-Pyrénées et surtout les Basques qui sont des gens sans éducation et mal dégrossis. Pour te parler franchement, je te dirai que l'Amérique est mille fois mieux que la France.

Hier, nous sommes allés au « Champ de Tir ». Tu aurais vu ce que faisaient les explosions. C'est quelque chose de terrible que la quantité de terre qu'elles faisaient se soulever.

Le plus important de tout ce que j'ai à te raconter, c'est l'arrivée du Président de la République française pour visiter l'arsenal de Tarbes. Et comme nous avons eu à lui rendre les honneurs, j'ai eu celui de le voir passer à 2 mètres de moi.... Tu peux t'imaginer si j'étais content !

Dans ma prochaine lettre, je t'enverrai les photographies, prises par un de mes amis également soldat, fils du Colonel Parias. Sur l'une, je suis monté à cheval, le revolver à la ceinture et l'épée au côté. Sur l'autre, je suis à côté d'un canon de 75.

Donne beaucoup de baisers à Mamaseñora, Bonpapa, Potota, et vous deux, recevez un million de baisers d'un futur officier de l'armée française.

Juan-Carlos

Bien des souvenirs de la famille Lalanne
PS : Cette lettre est rédigée au crayon et mal écrite, car je dois maintenant sortir à cheval.
Lettre de Juan-Carlos Dupont 21/8/1915

Tarbes, 21 Aout 1915

Chers maman et papa,
(...)
Maintenant, je vais te raconter deux ou trois épisodes de ma vie militaire. Il y a près d'un mois une usine qui travaille pour l'armée, et dont presque tous les employés sont Espagnols, et par conséquent germanophiles, s'est mise en grève. Ils commencèrent à hurler contre la France, et alors on envoya de la caserne la plus proche, qui était la nôtre, un peloton de 40 hommes, ou plutôt de jeunes gens parce

que tous ont mon âge. Nous y fûmes, baïonnette au canon et fîmes de nombreuses arrestations, et comme je connaissais l'espagnol, ils me mirent comme interprète. Mais grâce aux dispositions prises par notre Capitaine, les choses se passèrent sans incident désagréable.
(...)

Juan-Carlos

Je t'écrirai tous les 15 jours une longue lettre et 2 fois par semaine une carte postale. Feras-tu la même chose pour moi ?
Adios, Adios, Chàu, Chàu

Lettre de Juan-Carlos Dupont 17/11/1915

Tarbes, le 17 Novembre 1915

Chère maman,
(...)
Dés les premiers jours de mon arrivée en France, j'ai partagé avec Marinette (ma petite cousine) une grande sympathie et amitié. Cette amitié alla en grandissant de jour en jour, jusqu'à ce qu'arrive l'heure où je lui ai avoué que je l'aimais. Après plusieurs entrevues, elle me dit qu'elle était encore trop jeune pour penser à l'amour [elle avait 15 ans] mais elle me donna son consentement pour continuer à nous voir en cachette de tout le monde. Ainsi passèrent mes quatre premiers mois. Nous nous parlions quand nous étions seuls. J'allais souvent la chercher à la sortie du collège.

De jour en jour nos relations devinrent plus étroites, mais malheureusement est arrivé le jour où nous fûmes découverts pour la première fois. Ceci est arrivé de la façon suivante parce que Tante s'était rendu compte que j'avais pris l'affection qu'elle porte à son frère et peut-être aussi à ses parents. Un jour (le 2 février) je fus invité à un mariage, avec toute la famille. Nous partîmes d'abord avec Marinette, Jean mon Oncle, et tante était restée parce qu'elle n'était pas encore prête, mais surtout pour regarder dans mon portefeuille que j'avais oublié dans une pièce et dans laquelle j'avais eu l'imprudence de laisser quatre lettres d'amour de Marinette. C'est ainsi que nous fûmes découverts. Tante gronda très fortement Marinette, mais celle-ci me raconta comment tout s'était passé, de telle sorte que je puisse être sur mes gardes quand Tante viendrait à m'en parler. Ceci est arrivé deux jours après, quand Tante en vint à me dire « Quelles intentions as-tu envers Marinette ». Alors je lui ai répondu, comme nous en avions convenu avec Marinette « Je n'ai d'autre intention que celle de l'aimer comme ma propre sœur ». Depuis ce jour là nous ne nous sommes plus jamais parlé à ce sujet. Mais les relations amoureuses continuèrent plus fortes que jamais, mettant à mal la surveillance de ses parents.

Quand est arrivé le jour de mon départ au régiment, Marinette fit tout ce qu'elle pouvait pour m'empêcher d'y partir. Elle se fâcha et nous restâmes prés d'un mois sans nous ne parler ni nous écrire. Finalement elle m'écrivit à nouveau et nous fîmes la paix. Après cela, il y eut une autre petite fâcherie qui dura une semaine parce que

Marinette, jalouse comme toutes les femmes, me prenait le portefeuille pour le fouiller, et un jour le hasard fit qu'elle trouva des lettres que m'avait envoyé une demoiselle, appelée Rita, qui courrait beaucoup après moi et à qui je ne prêtais aucune attention. Ces incidents contribuèrent à renforcer plus étroitement son amour envers moi.

Un jour, alors que je revenais de Bordeaux, je suis allé à la maison de ma Tante et la saluais comme j'en avais l'habitude, je trouvais étrange qu'elle m'y réponde avec beaucoup de froideur. Comme je lui en demandais la raison, elle me fit lire une lettre qu'elle allait m'envoyer au régiment et dans laquelle elle disait qu'elle avait découvert nos amours, me les reprochant assez durement et comme elle craignait que nous continuions nos relations, elle me disait de ne plus venir chez elle pendant un moment, afin de laisser, à Marinette et à moi-même, le temps de nous oublier. Mais Tante se trompe complètement, car c'est justement tout le contraire. Je reçois des lettres presque tous les jours et je lui réponds par l'intermédiaire d'une personne qui s'intéresse beaucoup à nous.

J'avais l'intention de t'envoyer toutes les lettres que m'a envoyées Marinette, mais comme il y en a prés de 50, je te les porterai moi-même en Amérique.

(...)

Juan-Carlos

Cette lettre est mal écrite à cause de la nuit. La lumière électrique s'est éteinte comme est en train de le faire la bougie qui m'éclaire.

Lettre de Juan-Carlos Dupont 28/11/1915

Tarbes, le 28 Novembre 1915

Cher petit papa

(...)

Hier comme d'habitude, j'ai été monter pour le dressage. Comme il y avait un cheval que personne ne pouvait monter, je me suis proposé et je l'ai monté.

Dés que j'ai été en selle, il fit un tel saut de mouton que je me suis retrouvé à plus de 2 mètres, les quatre fers en l'air, mais heureusement sans le moindre mal. A partir de là, je l'ai amené au manège où je l'ai monté en parvenant à me maintenir pendant 12 terribles cabrages, mais à la fin, je suis tombé, laissant un pied pris à l'étrier et me faisant traîner sur quelques mètres, mais grâce à mon sang froid je réussi à me libérer d'un coup de pied. Je remontai aussitôt en me maintenant assez bien, mais comme il se refusait à marcher, je lui ai enfoncé les étriers. Il s'est alors levé des deux mains et m'a renversé pour la troisième fois. Sans peur je l'ai remonté montrant, devant tout le monde, qu'un « Oriental » [93] n'avait peur de rien ni de personne. Je fus félicité par les officiers et tout le personnel du manège. Lorsque le

---

93 Synonyme d'uruguayen. Ce terme provient du premier nom officiel de l'Uruguay : République Orientale de l'Uruguay.

cheval fut calmé, je suis sorti avec tout le monde à la promenade. Mais comme il venait d'être effrayé par un papier qui volait, il fit un saut de côté qui me fit me taper un joli bain involontaire dans le ruisseau que nous traversions. Je le remontais et lors d'une petite course au galop nous fîmes une chute, avec tant de malchance que le pauvre cheval s'est retrouvé avec une patte cassée, alors que moi je n'avais pas eu la moindre égratignure.

Désormais le 27 novembre restera pour moi une date célèbre : celle où pour la première fois dans ma vie, le cheval le plus méchant que j'ai jamais rencontré, m'a jeté six fois au sol.

(...)

Juan-Carlos

Lettre de Juan-Carlos Dupont 9/2/1916

Secteur Postal, le 9 Février 1916

Ma chère petite sœur,
(...)
Je te remercie de tes félicitations, mais je crois que tout « Oriental » aurait fait la même chose à ma place. La guerre ne devrait pas durer longtemps, avec l'entrée en guerre des Etats-Unis, elle devrait être vite terminée. Tu peux apprendre à maman la nouvelle de ma Croix de Guerre, cependant dis lui bien que je suis hors de danger et que je viens de revenir à Tarbes où j'ai été un peu malade, mais que maintenant je vais super bien.
(...)
Quand j'arriverai en Amérique, je pense y aller en soldat français pour pouvoir montrer aux boches, ce que nous valons. Tu voudras bien excuser mon écriture, mais comme le courrier va partir, je dois faire vite, je ne veux pas en effet que tu puisses te plaindre de ton petit frère qui ne t'oublie pas.

Bon-papa doit être content de ma décoration. C'est pour lui que je l'ai gagnée. Aussi, dés que j'arriverai en Amérique, je la lui rapporterai puisque c'est lui qui m'a conseillé de le remplacer. Des quelques 20 boches que j'ai tués, la moitié l'a été en son nom, cinq pour « Tío Victor » et cinq pour papa, de telle sorte qu'il ne m'en reste plus aucun pour moi, mais j'aurai le temps d'en tuer d'autres !

Comme souvenirs boches, j'ai un casque, un fusil, 40 chargeurs et des balles, une baïonnette, 4 grenades. Mais comme je ne veux pas trop me charger, je les laisserai chez Tante.
(...)

Juan-Carlos

Lettre de Juan-Carlos Dupont 10/2/1916

Postal 168, le 10 Février 1916

Ma très chère maman,
(...)
J'attends toujours, avec mille inquiétudes, les papiers que je t'ai demandés il y a plus d'un mois, pour pouvoir partir comme Peyrou avec 21 jours+15 et un peu plus de permission. Je crois que Bon-papa doit être content de ma croix de guerre. Quand j'arriverai, je lui en ferai cadeau ainsi que le diplôme qui va avec. Etant sur le front depuis 8 mois, j'ai dû faire milles folies pour pouvoir la gagner. Comme tu peux te l'imaginer, là où je me suis trouvé, tous les jours je voyais la mort de près, et les balles comme les obus ne passaient pas très loin de moi. Mais maintenant que j'ai obtenu ce que je voulais, je ne ferai plus de folies car avant toute chose, je veux partir pour l'Amérique et ensuite on verra ...
(...)
Lors de la permission que j'ai passée chez Marie-Louise, j'ai été très bien. Une fois de plus, Tante a trouvé une autre lettre que Marinette m'avait envoyée au front, mais les choses se sont très bien passées : Tante ne s'est pas fâchée et moi non plus. Ma pauvre Tante a été jouée une troisième fois, et je t'assure, ma chère maman, elle a pourtant les yeux bien ouverts, mais Marinette et moi nous la tromperons toute la vie. Les choses avec Marinette vont très bien ; et peut-être un jour.... mais qui peut connaître l'avenir.
(...)
Pour parler un peu de la guerre, je te dirai que c'est une chose que celui qui n'y est pas allé, ne pourra jamais imaginer. C'est quelque chose de terrifiant et d'inconcevable. Quand je serai de retour, je vous conterai les moments les plus terribles.
Si je te raconte ces choses c'est parce que je crois que je n'irai plus sur la ligne de feu, autrement je ne t'en aurais rien dit pour ne pas t'alarmer.
(...)

Juan-Carlos

Lettre de Juan-Carlos Dupont 28/2/1916

Tarbes, le 28 Février 1916

Mi viejita querida,
(...)
Je suis toujours content et actuellement je saute et danse de joie car si nous tenons le coup à Verdun, la guerre sera finie en moins de 4 mois. Et comme tu peux te l'imaginer dès cet instant à moi la « Polka del espiante », surtout maintenant que j'ai pu visiter Paris. Je regrette beaucoup de ne pouvoir être à Verdun bien que ce soit très dangereux, mais cela me serait égal. Jamais il n'y a eu autant d'enthousiasme

entre nous, et pour donner plus de certitude à mes camarades, je leur lis à haute voix les journaux d'Amérique.

(…)

Juan-Carlos

La lettre se termine par un dessin naïf mais ressemblant représentant Eugenio Dupont et la « Nena », sa fiancée.

Lettre de Juan-Carlos Dupont 21/3/1916

Tarbes, le 21 Mars 1916

Mon cher papa

(…)

Tout le monde est enthousiasmé et attend la fin de la bataille sur le front de Verdun pour reprendre l'offensive. Avant 3 à 4 mois, la guerre sera terminée et ainsi je pourrai retrouver mon « rancho » et ma terre originelle uruguayenne. Je suis en France, mais mon cœur n'a jamais cessé d'aimer la terre où je suis né et si un jour je devais verser mon sang pour elle, je le ferais avec un double enthousiasme. Lorsque je me trouve seul, je ne fais que chanter l'hymne uruguayen et d'autres chants patriotiques. Je conserve toujours de la rancœur envers ces hypocrites d'Argentins « barrigas agujereadas », leur ingratitude et les injustices qu'ils commettent. Mais je me console en me disant « C'est la guerre ».

Juan-Carlos

Chàu Chàu

Lettre de Juan-Carlos Dupont 23/3/1916

Tarbes, le 23 Mars 1916

Ma Chère maman

(…)

Tarbes est la ville la plus ennuyeuse de toute la France. Comme distractions il n'y a absolument rien. On y rencontre seulement des paysans qui ne savent pas parler le français, et à la place des automobiles ou des voitures avec cochers, tu ne vois que des charrettes tirées par des bœufs ou par des ânes, cela en pleine rue principale de Tarbes, c'est à dire la rue des « Grands Fossés », au milieu des veaux, des vaches et des moutons et toutes sortes d'animaux. Quant au principal théâtre, il ne peut même pas se comparer avec notre vieux cinéma « Paris ».

(…)

Juan-Carlos Dupont

Et les cigarettes, vont-elles arriver bientôt ?

Lettre de Juan-Carlos Dupont 18/4/1916

La Rochelle, le 18 Avril 1916

Mon très cher papa
(...)
Pourquoi n'as-tu pas fermé le magasin pour partir à Buenos-Aires au mariage de Eugenio et de ma sympathique petite belle-sœur ? Le jour du mariage de mes petits frères, au lieu de le fêter, je me suis retrouvé à l'infirmerie comme suite à une ruade à la cheville. Heureusement que le cheval n'était pas ferré, sinon il m'aurait cassé la jambe. Je suis maintenant parfaitement bien, et continue dans le dressage des chevaux.
Tu seras sans doute étonné que cette lettre te parvienne de La Rochelle, mais je m'y trouve depuis vendredi avec plusieurs camarades pour dresser des chevaux.
(...)
Sans plus, cher petit papa, reçois un « fuerte abrazo » et baisers du fils qui ne vous oublie pas.

Juan-Carlos

Lettre de Juan-Carlos Dupont 25/4/1916

La Rochelle, le 25 Avril 1916

« Querida mamita »
Je t'écris cette lettre pour te dire que je suis en très bonne santé, mais le principal motif de celle-ci est pour te dire que je pars à La Rochelle avec 10 camarades désignés en même temps que moi pour dresser les chevaux américains qui arrivent de Buenos-Aires. Notre séjour ne doit pas être très long, il pourrait durer de 15 jours à deux mois.
Il semble que nous allons être très bien, et comme nous allons être près de la mer, j'ai chargé Tante de m'acheter un caleçon de bains.
(...)

Juan-Carlos

Lettre de Juan-Carlos Dupont 23/5/1916

La Rochelle, le 23 Mai 1916

Chère petite sœur
(...)
Je t'informe également que toutes les relations avec Marinette ont cessé, un bon conseil est que jamais dans tes lettres que tu m'envoies en France à l'adresse de Tante, tu ne mettes jamais un seul mot compromettant. En effet elle ouvre en cachette toutes mes lettres. La curiosité est le plus gros défaut de la femme.
(...)

Beaucoup de baisers pour maman et papa, et toi, reçois des milliers de baisers de ton petit frère qui t'aime beaucoup

Juan-Carlos

Lettre de Juan-Carlos Dupont 7/8/1916

La Rochelle, 7 Aout 1916

Ma chère petite maman,

Jusqu'à quand pensez-vous me laisser sans lettre de toi, ni de papa et Potota. Cela fait près de 2 mois et demi que je ne reçois aucune lettre.

Comme elle est longue cette guerre ! Qui aurait pensé qu'elle allait durer plus de 2 ans ? Comme tu peux le constater, il m'échoit le triste sort de n'être pas encore parti au front, bien que je le désire ardemment. Mais je commence à en avoir assez de cette vie de paresseux. Tous les camarades que j'avais à bord du Lutétia, se trouvent maintenait dans les tranchées depuis plus d'un an et demi, tandis que moi, j'ai honte de ne pouvoir partager leurs souffrances. Cependant si j'aime la France, j'aime mon Uruguay encore plus. La France n'a jamais été reconnaissante ou généreuse, bien au contraire je ne vois qu'une incommensurable quantité de grandes injustices.

(…)

Bien des baisers à Papa, Potota, Mamaseñora , Nena, et toi reçois un million de baisers de ton « negro feo »

Juan-Carlos.

Lettre de Juan-Carlos Dupont 29/9/1916

Tarbes, le 29 Septembre 1916

Ma très chère petite maman,
(…)
J'ai très envie d'apprendre l'anglais qui me serait très utile. Je vais demander à Tante de me procurer une grammaire pour l'étudier parce que je pense que je pourrai l'apprendre très facilement. Ainsi je connaîtrai l'Espagnol, le Français, l'Anglais et l'Italien.
(…)

Juan-Carlos

Lettre de Juan-Carlos Dupont 4/11/1916

4 Novembre 1916

Ma chère petite Maman

Comme je te l'ai indiqué dans ma dernière lettre, partie de Périgny, je me trouve dans la ville d'Amiens. Le travail comme je te le disais dans ma dernière correspondance n'est pas très important. Je m'occupe à nourrir et faire boire les chevaux pour qu'ils deviennent forts avant de les envoyer au front.

Les premières lignes se trouvent à 60 kilomètres et le bruit du canon arrive avec peine jusqu'ici. Aussi, ma chère maman, je ne cours aucun danger, bien que les aéroplanes ennemis nous visent assez souvent, pour lancer quelques bombes sur les installations militaires. Ici, nous arrivent tous les jours des prisonniers « boches ». Je regrette beaucoup de ne pas pouvoir me rapprocher du front et je dois me contenter du bruit du canon.

La ville d'Amiens est très jolie, et nous nous amusons beaucoup. Il y a une grande quantité d'Anglais qui sont très aimables. Nous dormons sur de la paille dans une école. La nourriture est assez moyenne et les colis que tu m'enverras seront les bienvenus. Adresse-moi beaucoup de journaux car je m'ennuie beaucoup sans rien à avoir à lire de mon pays.

Quand mes camarades te demandent si je suis sur le front, dis-leur que oui. En effet, autrement j'aurai la honte d'être pris pour un « embusqué ». Les nouvelles de la guerre sont très bonnes. Tous les jours, nous avançons en faisant des centaines de prisonniers. Nos alliés anglais sont très aimables. Ils nous aiment beaucoup et nous offrent de tout ce qu'ils ont ; c'est à dire des cigarettes, des souvenirs et enfin de quoi manger.

Cela fait longtemps que je n'ai pas reçu de lettre de toi. Ma chère maman, je te prierai de m'écrire plus souvent.

Sans autres nouvelles pour l'instant, avec beaucoup de baisers à Papa, Potota, Mamaseñora et Bon-papa, reçois un million de baisers et abrazos du fils qui t'aime beaucoup.

Juan-Carlos

Lettre de Juan-Carlos Dupont 1/1/1917

Beauvais, le 1er Janvier 1917

Mi muy querida mamita
(...)
Ma santé, comme à l'habitude est très bonne, bien qu'un peu enrhumé ces derniers jours. Tu me dis que je vis en France une vie de promeneur, mais en cela tu te trompes. Cela fait maintenant sept mois que je suis sur le front de la Somme où pour mon courage et m'être porté volontaire pour les postes les plus dangereux, j'ai été le premier à recevoir la Croix de Guerre et la citation à l'ordre du jour. J'ai reçu ma décoration il y a déjà longtemps, lors de mon premier mois de front. Les supérieurs m'aiment beaucoup parce que j'ai à peine 18 ans. Si on te la demande, voici ma citation : « Toujours volontaire pour accompagner le sous-officier observateur dans les tranchées de 1ère ligne. Très calme et ayant un profond mépris du danger. S'est distingué spécialement le 31 Octobre et le 1er Novembre 1916 ». SP le 3 Novembre 1916 - Croix de guerre. Maintenant, ma petite maman chérie, quand on te demandera de mes nouvelles, tu pourras dire la vérité.

Si je t'ai caché tout cela, c'est parce que je ne voulais pas te faire de peine et si maintenant je te dis la vérité c'est que je suis à Beauvais Jusqu'en Février et que dès que je recevrai les papiers nécessaires, je partirai en Amérique, en permission. Je suis sorti dans les journaux de Tarbes et vais demander à Tante qu'elle te les envoie.

(...)

Maintenant, chère petite maman, je te dirai que je pars à Tarbes avec 15 jours de permission en récompense de ma conduite au feu.

Sans rien d'autre, ma chère maman, reçois ainsi que papa, un million de baisers et « abrazos » de ton fils qui t'aime beaucoup.

Juan-Carlos

Lettre de Juan-Carlos Dupont 4/3/1917

4 Mars 1917

Ma très chère maman,

(...)

Je te remercie beaucoup pour les félicitations que tu me donnes pour ma Croix de Guerre. Si je ne t'ai pas appris la nouvelle auparavant, c'est parce que je me trouvais au front et ne voulais pas t'effrayer. Effrayer est bien le mot car jamais ceux qui n'ont pu le voir avec leurs propres yeux, ne pourront se l'imaginer. Il ne faut pas croire que la guerre est comme celle que se font « Blancos et Colorados ». Tous les jours nous recevons des obus asphyxiants ou quelques autres types de nouveautés.

(...)

Juan-Carlos

Lettre de Juan-Carlos Dupont 10/3/1917

10 Mars 1917

Ma très chère maman,

Lorsque tu recevras cette lettre, je serai sur le point de m'embarquer pour Montevideo.

Dés que j'ai reçu les papiers, j'ai couru les apporter au bureau, et maintenant avec l'accord favorable de mon Capitaine de batterie et celui du Commandant de groupe, ils sont partis à la signature du Ministre. Cela devrait prendre un mois et ensuite à moi « La Polka du départ ». Comme il me tarde de revoir Montevideo et surtout ma maman et mon papa ! J'espère y être avant les deux mois.

Ma santé est toujours très bonne. Je me trouve maintenant en face des « Boches », mais tu n'as pas à t'en faire car ils ne tirent plus beaucoup, parce qu'à chaque coup de canon, nous répondons par 5 des nôtres. Ils sont perdus, et avant quatre mois la guerre sera terminée, nous sommes en effet en train de leur préparer une correction qui les jettera hors de France et qui nous délivrera pour toujours de cette épidémie allemande.

(...)

Juan-Carlos

Lettre de Juan-Carlos Dupont 29/4/1917

Langres, le 29 Avril 1917

Ma très Chère maman,

(...)

Je me trouve dans un hôpital à Langres, à cause des gaz asphyxiants utilisés par les Allemands lors des récents combats de Champagne, et dont tu auras peut-être entendu parler dans les journaux. Comme je suis complètement remis, je vais partir de Langres vendredi prochain, en convalescence grâce à ma nationalité d'Américain.

Je vais maintenant te parler de mes campagnes : quand je suis parti pour la première fois au front, j'ai eu mon baptême du feu sur la Somme. J'ai assisté aux attaques de Comble, Boucavesnes, Rancourt, Sally Sallisel Bois de St Pierre Wast. Ayant été relevé par les Anglais, nous avons été au repos pendant deux mois. Au cours de ces combats, nous avons eu 65% de pertes entre tués et blessés. J'ai eu une très grande chance, j'ai frôlé une mort imminente en au moins une vingtaine de circonstances. Après un repos bien mérité, nous sommes repartis sur la Somme, du côté de Montdidier et j'ai eu la gloire de poursuivre les Allemands jusqu'à la ville de Ham, une avancée de 30 kilomètres, en passant par Roye. Nous avons été encore remplacés par les Anglais, mais nous n'avons eu ni morts ni blessés. J'étais très content et fier d'avoir libéré le territoire français, ainsi que quelques milliers de vieillards, de femmes et d'enfants. Malheureusement ces bandits d'Allemands avaient incendié tous les villages et coupé tous les arbres. Dés cet instant, ma haine a augmenté et je te jure que lorsqu'un Allemand tombera entre mes mains, je le tuerai en le faisant souffrir. Quand nous avons été remplacés, nous avons pris le train et sommes partis en Champagne où j'ai assisté aux deux premières attaques et ayant été pris par les gaz, je suis parti à hôpital de la ville de Langres. Voici tous les combats que j'ai faits. S'il est vrai que je n'ai pas eu un long temps de guerre, j'ai assisté aux principaux combats et victoires.

(...)

La France a maintenant beaucoup changé depuis la dernière avance (de 50 kilomètres). Tout le monde est sûr de la victoire. Les soldats qui sont dans les tranchées depuis les premiers jours sont pleins de courage, tandis que les prisonniers allemands ne peuvent se tenir droits, sont maigres comme des sardines, mais ce qui les fait le plus souffrir c'est surtout de savoir que leurs familles se meurent de faim.

Juan-Carlos

Le 18 septembre 1926, Juan-Carlos Dupont personnalité *« d'un caractère tumultueux et rebelle, courageux, franc et de bon cœur »* comme il se décrivait lui-même dans une de ses lettres, épousait à Tarbes Marie-Marguerite Lalanne dite *« Marinette »* la princesse de ses 17 ans et fille de Marie-Louise la cousine germaine de son père. Ils eurent un garçon et deux filles.

15. Les Cestia en France de 1900 à 1946

Les Cestia étaient alors présents principalement en Bigorre, mais aussi en Aquitaine, à Nay plus à l'ouest au sud de Pau ainsi qu'en Gironde.

Le territoire désigné par Bigorre est celui de l'ancien comté de Bigorre qui correspond à une grande partie du département actuel des Hautes-Pyrénées représenté en gras sur la carte ci-après.

Au début du XXème siècle Les Cestia sont présents dans plusieurs villes et villages de Bigorre. Ils sont les plus nombreux à Lescurry et Vic-en-Bigorre, mais ils sont aussi présents à Artagnan, Dours, Castelvieilh, Lacassagne, Lansac, et Louit. Ils sont dans ces villes et villages le plus souvent des agriculteurs, cultivateurs et laboureurs.

Toutes les familles Cestia vivant en 1900 dans les différents villes et villages de Bigorre n'avaient pas de lien de parenté proche. Portant le même nom, ils se connaissaient sans doute, mais ne devaient donc pas entretenir des relations de famille.

Louit qui est situé à 2 km de Dours est le village natal d'Honoré Cestia.

A Dours vivait la famille Paul Felix Cestia époux Thérèse Laffargue, une famille de laboureurs, qui venait d'Escondeaux proche de Lescurry. Les Cestia de Dours étaient dans ce village depuis plusieurs générations. Un cousin germain de Paul Felix, Michel Charles Cestia a vécu à Castelvieilh puis à Pouyastruc, des villages proches de Dours. Le premier des deux fils de Michel Charles a été déclaré à sa naissance sous le nom de sa mère, puis quelque temps après a été reconnu par son père. Plus tard, il ira vivre à Bordeaux loin de la Bigorre …En 1870 la société n'accueillait pas à bras ouvert les enfants nés sans père à la naissance. Sa descendance ira s'installer à Epernay.

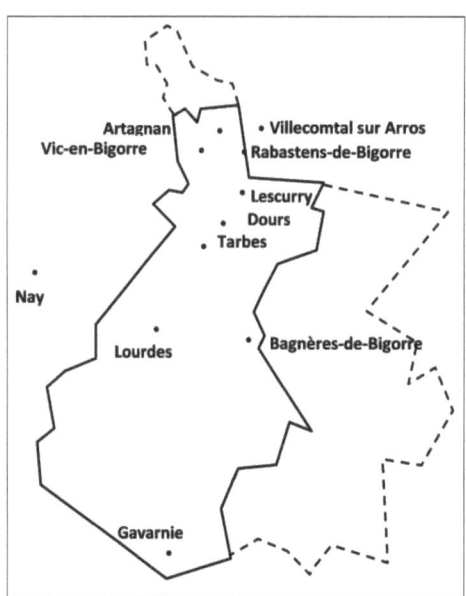

A Lescurry vivent en 1900 Jean Cestia et son plus jeune fils Denis Adolphe qui en 1886 au moment du conseil de révision est classé en *« service auxiliaire »* en raison de sa trop petite taille. Il fallait pour être soldat mesurer au moins 1 mètre 54 cm. Mais sa taille ne l'empêche pas de devenir maire de sa commune de 1892 à 1908. Il y avait aussi une famille Coutillou, un Cestia que l'on appelait *« Coutillou »*.

> « **Les maisons** sont pour ainsi dire personnifiées ; elles ont même plus d'importance que les personnes : elles ont une vie, une histoire. On se conte les diverses fortunes des principales maisons de la commune ; elles ont un nom qui n'est presque jamais celui du propriétaire actuel. C'est un héritage dont la génération actuelle est simplement dépositaire, qu'elle tient à honneur à ne pas laisser dépérir entre ses mains et qu'elle espère transmettre intact et agrandi à la génération suivante. Aussi les héritages sont rarement démembrés, c'est ce qui explique la dérogation générale dans la limite de la loi à l'égalité des partages entre les enfants de la même famille. Les cadets sont presque toujours indemnisés en argent et l'héritage paternel reste la plupart du temps intact. »
>
> Monographie communales Travail d'étude et de recherche Jean-Pierre Bove 1988 Sous la direction de M. Michel Papy page 45

Surnom et nom de maison - L'usage d'un surnom était fréquent en Bigorre au XVIIIème siècle et XIXème siècle. C'est ce que souligne Thierry Cenac [94] dans sa monographie du village de Dours où il indique qu'en Bigorre les noms de maison sont souvent indiqués à la suite du nom patronymique sur les registres d'état civil. Ce surnom est transmis parfois même alors que la famille a quitté son village d'origine, et donc la maison justifiant le surnom. Les noms de maison comme les noms de famille ont des orthographes variables selon le curé chargé de l'écriture de l'acte.

Les maisons des Cestia sont, à Louit la maison Baïlou, à Lescurry les maisons Biuatou, Bordenave, Bourdale, Coubé, Coutillou, Dutrey, à Dours la maison Sausette, et à Nay la maison Trébaire.

A Lescurry, Dominique Cestia, le cadet d'une fratrie de 6 enfants, est le fils de Denis Damien (1807-1864) un « *Coutillou* ». Ils sont les derniers à porter ce surnom.

A Vic-en-Bigorre en 1900 les parents d'Alexander et sa sœur Marie Laura partis en Louisiane sont décédés. Il ne reste donc à Vic qu'une seule famille Cestia celle de Jean Cestia et son épouse Dominiquette Setze et leur deux filles Paule et Rosina dont nous avons déjà parlé plus avant, seules survivantes d'une fratrie de 8 enfants nés entre 1842 et 1868.

A Castelvieilh vit une famille Cestia originaire de Dours, dont deux jumeaux Pierre et Jean. Pierre est soldat pendant 5 ans alors que son frère Jean est dispensé car *« frère ainé de Jumeaux »*.

A Lacassagne vit une famille originaire de Lescurry.

---

94 Maîtrise d'histoire de Thierry Cenac disponible sur le site web de l'auteur. http://www.dours.com/

> Nay au XIX^éme siècle
>
> Le XIX^éme siècle est celui de la Révolution Industrielle si prospère pour Nay que les journalistes de l'époque appellent la ville le Petit Manchester ou la Mulhouse des Pyrénées.
>
> En effet, certains fabricants de bérets dynamiques et ambitieux, dont la tête de file sera Prosper Blancq, vont faire appel à des ingénieurs ou techniciens formés dans les meilleures écoles de l'époque pour moderniser leurs ateliers.
>
> L'époque des marchands est révolue, celle des industriels commence.
>
> La population de la ville s'accroit jusqu'à atteindre 4 000 personnes et l'on recense près de 1 700 ouvriers du textile en 1852.
>
> Les usines se développent en centre ville même, particularité de Nay. Il n'est que de citer la Manufacture Blancq, pionnière de l'architecture industrielle, transformée aujourd'hui en Musée du Béret, ou encore l'Usine Berchon avec son architecture fer et verre spécialisée dans la confection en laine cardée, ou encore la Manufacture de Meubles Vital Gibert ou la très renommée Manufacture Souyeux.
>
> [Site officiel de la ville de Nay]

La famille Cestia d'Artagnan est la deuxième génération présente dans cette petite ville de quelques centaines d'habitants. Le grand-père Jean Sestia a quitté Nay pour venir s'installer en Bigorre.

La famille de Jean-Marie Sestia vit à **Lansac**. Leur origine lointaine est Dours.

Transmission du nom de famille - Les ancêtres lointains des Cestia ne se sont pas toujours appelés Cestia. C'est l'apparition du livret de famille vers 1877 qui a permis en France de transmettre sans altération les noms de famille d'une génération à l'autre. Dans la région de Nay par exemple il est d'usage de doubler la voyelle terminale des noms de famille.

A Nay il y avait six familles distinctes portant ce patronyme. Des familles implantées dans ces villes depuis plusieurs générations et qui, sauf de rares exceptions parties à Oloron-Sainte-Marie ou Ustaritz, y restent. Ce sont des tricoteurs, des tisserands mais aussi des menuisiers et ébénistes. En cette fin de siècle, ils profitent pleinement de la révolution industrielle dans cette ville que les journalistes de l'époque appellent le Petit Manchester ou la Mulhouse des Pyrénées. A Nay en 1852 l'on recensait près de 1 700 ouvriers du textile pour une population de 4 000 personnes. Mais d'autres industries sont également présentes telle que la fabrication de meubles. Aujourd'hui Nay est connue pour son industrie du béret basque.

On rencontre aussi des Cestia et Sestia en Gironde à Bordeaux, Libourne et Talence, et dans le Gers à Villecomtal-sur-Arros.

Au début du XXème siècle, Cestia était donc en France un nom patronymique beaucoup moins rare qu'il ne l'est aujourd'hui.

16. Les Cestia aux Etats-Unis d'Amérique de 1900 à 1946

Rosina Cestia est née en 1868 à Vic-en-Bigorre situé à une bonne dizaine de kilomètres au nord-ouest de Louit. Rosina Cestia a beaucoup voyagé. En 1894 elle migre à New-York, puis en 1907, elle y revient en provenance de Londres. En 1920 elle se marie à Vic en Bigorre sa ville natale.

Le 27 juillet 1907, Fortunato Cestia, né à Rome en 1889, célibataire, arrive à New York avec 12 dollars en poche. Il a fait la traversée Naples – New York à bord du Cretic. Il a laissé sa mère à Rome dans sa maison natale rue San Félice Circeo [95]. Il est ouvrier agricole. Il ne sait ni lire ni écrire. Il vient aux Etats-Unis d'Amérique retrouver son beau-frère J. Antonia Armento Payton. A son arrivée il est examiné par le médecin H Mc Maste qui certifie son état de bonne santé.

Le 16 septembre 1910, Serafina Cestia, née en Italie en 1875 à Alcara-Li-Fusi en Sicile, mariée, arrive à New York avec 15 dollars en poche. Elle a fait la traversée depuis Palerme. Elle ne sait ni lire ni écrire. Elle vient aux Etats-Unis d'Amérique retrouver son frère au « Carmelia Valenti ».

Pierre Sestia est né à Nay (Pyrénées-Atlantiques) en 1848. Il est le fils de Jacques Sestiaa de Nay. Il est d'abord employé, puis tricoteur dans l'industrie textile de Nay puis enfin charcutier. Après la naissance de son troisième enfant vers 1878 Pierre Sestia migre aux Etats-Unis à Sausalito en Californie où il y restera sans ses enfants ni son épouse qui finira sa vie à Nay. Comme j'aimerais pouvoir vous dire pourquoi il est parti seul si loin !

1917-1918 - Engagement des USA

Lorsque la guerre éclate le Président des États-Unis souhaite observer une stricte neutralité. Mais sur le plan économique et financier, la neutralité américaine est théorique car plus la guerre devient longue et totale, plus les pays de l'Entente ont recours aux États-Unis pour s'approvisionner mais aussi pour emprunter.

La situation tendue entre l'Allemagne et les Etats-Unis conduit à la rupture des relations diplomatiques le 1er février 1917 et à la déclaration de guerre le 6 avril 1917. Le 18 mai 1917 est votée la conscription de tous les citoyens de sexe masculin âgés de 21 à 30 ans, ce qui permet de porter les effectifs de l'armée de 200 000 hommes en février 1917 à quatre millions de soldats en novembre 1918.

Avec deux millions d'hommes qui débarquent en France, l'année 1917 voit ainsi la mise en place de la machine de guerre des États-Unis qui, pour la première fois, interviennent dans un conflit à l'échelle mondiale et s'imposent comme une grande puissance.

---

95 Au nord de Rome à 10 à 15 km du centre de Rome

Mais les Cestia les plus nombreux sont ceux de la famille d'Alexander et de son épouse Vest Lovina de New-Iberia en Louisiane. Alexander est né à Abbeville en Louisiane d'une famille originaire de Vic-en-Bigorre.

En 1882 à la suite du décès de leur père toujours propriétaire de bien à Vic-en-Bigorre, Alexander et sa sœur Laura également résidente à New-Iberia, ne se rendent pas en France pour toucher leur héritage, mais ils donnent procuration pour la vente d'un immeuble et d'un terrain.

Les sept enfants d'Alexander et Lovina sont nés entre 1880 et 1899. Ils ont aujourd'hui une nombreuse descendance aux Etats-Unis notamment en Louisiane dont on peut suivre l'existence grâce à Facebook …

Sur les sept enfants d'Alexander quatre seront engagés dans le conflit européen de la première guerre mondiale : Harry Paulin, Oley Burton, Georges Clayton et Alphe Bruce. Ils en reviendront tous les quatre sains et saufs, mais participeront aussi en 1942 [96] au deuxième conflit avec l'Allemagne au côté de quatre des enfants de Georges Clayton : Fabian, Claude, Donald et John.

Peut-être avaient ils oublié, ou peut-être pas, qu'ils défendaient le sol de leurs ancêtres. Ils ne savaient sans doute pas qu'ils combattaient aux côtés des Cestia de France.

---

96 En 1942, les États-Unis rétablissent la conscription. Ils mobilisent 12 millions d'hommes et de femmes.

17. Conclusion

Voilà l'histoire des Cestia. L'histoire de vies qui tiennent à des rencontres, des opportunités, des hasards mais aussi à la volonté de maîtriser son destin.

Ce voyage nous a fait rencontrer des gens qui, tout simplement, ont fait l'Histoire dont nous sommes juste la continuité. C'est nous aujourd'hui qui faisons l'Histoire. Mais ce que nous sommes aujourd'hui, peut-il échapper à l'influence des générations passées ? Je ne le pense pas. L'exigence actuelle de la société vis à vis du respect des droits de l'homme n'est possible que parce que ceux qui nous ont précédés ont conquis, pas à pas, tous les échelons de ces droits. Notre liberté est celle qui progressivement a été conquise au XIXème et au XXème siècle. Nous faisons aujourd'hui l'Histoire, mais l'Histoire aujourd'hui nous fait.

On a rencontré au fil des pages des vies qui parfois ont été orientées par le hasard. Car personne ne peut décider de naître à un endroit et à une époque choisie, d'être de naissance, Français ou Américain, de tirer le bon numéro pour ne pas partir à la guerre, d'être en bonne santé ou fragile, etc.

Mais des vies qui sont aussi le fruit de la volonté de vaincre. Vaincre les disettes, les famines, volonté de survivre face aux épidémies. On a croisé des destins qui sont le fruit du courage de partir à l'autre bout du monde pour réaliser ses rêves, ses ambitions, pour devenir un notable de son village ou celui qu'on admire parce qu'il a vaincu l'ennemi, ou aussi parfois plus simplement pour sortir de la misère.

En deux mots comme en mille, ces vies que nous avons rencontrées au cours de ce voyage sont finalement, modestement, le fruit d'un mélange paradoxal, fait de hasard et de volonté.

18. Index alphabétique des individus cités

L'index renvoi au numéro de page. Sur chaque individu cité information détaillées, et sources sont disponibles sur http://www.genea-cestia.fr/

abaresJeanne F 72
Abbadie Marie 26
Adamet Marie 27
Adamet Marie, ... 29
Ader Jeanne Marie 96
Adnet Jean Joseph Marie Eugène (1822-1900) 98
Ageville 68
Anglade Marie 27
Anglade Marie 26
Aquart Modestine 77
Aquart-Pieton Marie Cécile Eugénie 77
Aquart-Pieton Marie Cécile Eugénie 19
Bachelier 70
Baïlou 146
Baron Marie 27
Becas Geneviève Jeanne 80
Bernis Gabrielle 41
Bicata Jacques Frechou 48
Bire Anne 52, 96
Biuatou 146
Blon 118
Bordenave 146
Bordere Joseph 67
Bordis Justine 84
Bourdale 146
Brescon Jean 67, 68
Brescon Jean-Baptiste fils 68
Brescon Jeanne épouse Darré 68
Brescon Jeanne Marie épouse Lamarque 68
Brescon Marie épouse Dubeau 68
BurguesCatherine Marie 66
Candebat 118

Carrere Bertrand 67
Carrere Jean 80
Carrere Jean Pierre 75
Carrere Jean Pierre 75
Castane Houley 119
Caubet Jeanne 27
Cestia Alberte 116
cestia Alexander 149
Cestia Alexandre, dit Darric 96
cestia Alphe Bruce 149
Cestia André 20
Cestia Antoine 52, 84, 96, 98
Cestia Arnaud 97
Cestia Arnauld 48
Cestia Arnauld Biuata 48
Cestia Auguste Sylvain 90
Cestia Auguste Sylvain 92
Cestia Auguste-Sylvain 18
Cestia Bernard 94, 99
Cestia Bernard époux Lajusa 80
Cestia Bernard et Jacques 99
Cestia Bernard et Jacques 90
Cestia Bernarde 98
Cestia Bertrand 70, 99
Cestia Bertrand 19
Cestia Bertrand 68
Cestia Bertrand (1805-1876) 18
Cestia Bertrand (1810-1885) dit le cadet 78
Cestia C 100
Cestia Catherine 20
Cestia Catherine et Pierre 76
Cestia Chiquita 106
Cestia Coutillou 76

Cestia Denis Adolphe 145
Cestia Denis Damien époux Michèle Baru 81
Cestia Dominique 146
Cestia Dominiquette Bernarde 85
Cestia Dorothée 99
Cestia Emile 120
Cestia Emile 17, 20, 110
Cestia Émile 103
Cestia Émilio 103
Cestia Felipe 103
Cestia Felix 17, 20, 105
Cestia Fortunato 100, 148
Cestia François 77
cestia Georges Clayton 149
Cestia Giovanni 100
Cestia Giuseppe 100
Cestia Guillaume 17
Cestia Guillaume dit Coubé 47
cestia Harry Paulin 149
Cestia Honoré 91, 92
Cestia Honoré 17, 20
Cestia Honoré 88
Cestia Honoré 103
Cestia Izaure 98
Cestia Jacques Coutillou 27
Cestia Jean ... 84, 95, 96, 99, 145, 146
Cestia Jean 16, 75
Cestia Jean 29
Cestia Jean 66
Cestia Jean (1792-1867) 97
Cestia Jean Alphe (1834-1860 99
Cestia Jean Alphe (1834-1860) 17
Cestia Jean dit Coutillou 80
Cestia Jean dit Dutrey-Coutillou 42
Cestia Jean Dutrey-Coutillou (1745-1815) 47
Cestia Jean, dit Jacques 83
Cestia Jean-Alphe 78
Cestia Jean-Marie 84

Cestia Jean-Marie 98
Cestia Jeanne 48
Cestia Jeanne 41
Cestia Jeanne (1768-1777) 41
Cestia Jeanne-Marie 84
Cestia Joseph 96
Cestia Joseph (1847-1871) 99
Cestia Juan 104
cestia Jules 121
Cestia Jules 122, 128
Cestia Jules 17, 20, 103
Cestia Jules, ... 114
Cestia Julio 103
cestia Laura 149
Cestia Louis 76, 84, 98
cestia Louise (1820-1882) 79
cestia Lovina 149
Cestia Maria 100
Cestia Marie 85, 99
Cestia Marie Cécile Eugénie épouse François 77
Cestia Marie-Anne 84
Cestia Martial 72
Cestia Martial 20
Cestia Martial 75
Cestia *Mauricio Mario Honorato* ... 106
Cestia Michel 83
Cestia Michel Charles 145
cestia Oley Burton 149
Cestia Paul Bernard 79
Cestia Paul Felix 145
Cestia Paul Hyppolite 84, 98
Cestia Philippe 90
Cestia Philippe 18, 19, 88
Cestia Philippe 103
Cestia Philippe dit Bernard 74
Cestia Philippe épouse Carrere 75
Cestia Pierre 29, 70, 76, 82
Cestia Pierre 18, 19, 20
Cestia Pierre 70

Cestia Pierre 70
Cestia Pierre 72
Cestia Pierre 75
Cestia Pierre 82
Cestia Pierre dit Baillou (Bayou) 82
Cestia Raymond 41
Cestia Raymond époux Jeanne Durac 81
Cestia Rosina 148
Cestia Serafina 148
Cestia Sérafina 100
Cestia Victor 103
Cestia Vincent........................... 98
Cestiaa Jean époux Bergeret 80
Cestiaa Jean époux Bergeret 80
Cestian Anne Biccatan (1756-1756). 42
Cestian Arnaud 29
Cestian Arnauld (1716-1788) 16
Cestian Arnauld Biuatou (1716-1788 42
Cestian Arnauld Biuatou (1716-1788) 42
Cestian Bernard 29, 41
Cestian Bernard (1692-1781)......... 41
Cestian Bernard (1760-1854)......... 41
Cestian Bernard (1760-1854) dit Coubé 80
Cestian Bernard Bourdale 42
Cestian Bernard Saucetter 52
Cestian Bicatan (1743-1743),......... 42
Cestian Claire Biuatou (1718-1761 . 42
Cestian Claire Biuatou (1744-1744) 42
Cestian dit Guillaumet 51
Cestian Etienne Biuatou (1748-1783) 42
Cestian Etienne dit Biuata (1748-1783),... 48
Cestian Guilhaume 51
Cestian Guilhem.......................... 29

Cestian Guillaume........................41
Cestian Guillaume........................41
Cestian Guillaume époux Marthe Dumestre.....................................81
Cestian Guillaume et Bernard 41
Cestian Jean...............................41
Cestian Jean...........................23, 29
Cestian Jean...............................51
Cestian Jean Bicata......................24
Cestian Jean Bicata (1667-1731) 41
Cestian Jean Coubé......................98
Cestian Jean Coubé 52
Cestian Jean dit Coubé 84
Cestian Jean dit Guilhaumet 29
Cestian Jean dit Guilhem...............51
Cestian Jean dit Sausette 52
Cestian Jeanne Marie....................52
Cestian Jeanne Marie (1745-1794) .47
Cestian Marie 27, 29
Cestian Marie (1697-1762 42
Cestian Marie Biccatan (1751-1753)42
Cestius......................................14
Clemens Catherine........................24
Costabadie Jean 22
Cotin 68
Coubé.......................................146
Coutillou 146
d'Esparos Géraud 15
dametMarie A.............................51
Dardenne Jeanne 29
Darre Marie................................84
Darric Jeanne 22, 24
d'Astarac Jean.............................15
d'Astarrac Jean............................15
Daubes Domenge.........................98
Daveran Dominique 79
de Comminges Cécile....................15
de Fougères Raveil, ...68
de Podenas Philippe......................22
de Sestias Condorine 15

de Sestias Guillaume 15
Dedieu Joseph 99
Desbordes Pierre 68
Despalanques 69, 80
Despalanques Jean 66, 98
d'Esparros Géraud 15
Dortignac Abraham 89
Dortignac Madeleine 92
Dortignac Madeleine Marthe 104
Dortignac Magdelaine 75
Dortignac Magdelaine 19
Dortignac Magdelaine 74
Duco Bernard 47
Duffau Jeanne 84
Duffau Marie 83
Dulac Domenge 98
Dumestre Marthe 41
Dumornay Matignon Marie Anne Zeline 72
Dumornay-Matignon Marie-Anne-Zeline 19
Dupont Domingo 128, 131
Dupont DomIngo 104, 124
Dupont Dominique 91
Dupont Dominique 91
Dupont Dominique 130
Dupont Graziella 92
Dupont Juan-Carlos 131, 136, 139
Dupont Juan-Carlos 20, 104, 119, 123, 129
Dupont Juan-Carlos 143
Dutrey 146
Fabares Jeanne 18, 20
Fabares Martial 66, 74
Fabares Martial 18
Fabares Pierre 72, 74
Fontan Jacques 27
Fontan Jacques 29
Fontan Jacques 29
Fontan Marie 82

Fontelieux Marie Zulma 99
Frechou Jacques 48
Gardey Adolphe 85
Gardey Bernarde 24
Gardey Marie 84
Gardey Marie 27
Gauthier Fernande 110
Giorgi Ange Toussaint 76
Giorgi Ange Toussaint 20
Gouaille Jeanne Marguerite Anne ... 26
Gouailles Jeanne marguerite Anne . 27
Gouailles Jeanne Margueritte Anne 49
Guilhaume Sestian époux Darric 79
Guillaume 41
Guillemat 72
Guinle Françoise Jeanne 94
Guinle Marguerite 51
Guinle Marguerite 29
J Abadie eanne 22
Jammes Jean-Baptiste 71
LafargueJeanne épouse Bonnet 68
Laffargue Bernard et Anne 68
Laffargue Marie 68
Laffargue Thérèse 145
Laffont Jeanne 26
Laforgue Marguerite 22, 24
Lalanne Jean 48
Lalanne Léon 117
Lamon Marie 52
Laurens Julie 110
Lecurieux Felix 68
Lespiau Anne Marie 22
Louise Catherine 42
Luit Marie 51
Luit Marie 29
Luit Marie 51
Marie épouse Laffargue 68
Meyranx Eugène 91
Meyranx Eugénie 91
Moirtin 68

Montbartsier	22
Morand	70
Mothe Jean Jules	88
Mothe Victorine	88
Nougues François	85
Payton Antonia Armento	148
Pehourtic Anne	23, 26, 27, 49
Pére Domengea	29
Philippe Cestia	73
Pieton Eugène Hubert	77
Poineau	119
Pujo Pascal	68
Pujo Paul	78
Rangoni Marquise Andrée del Castel Crescente	107
Richaud Etienne	68
Roques Dominiquette	98
Saux Jean Pierre Felix Victor	73
Sénac Simone	88
Sentubery Dominique	88
Sentubery Jean	88
Sentubery Jean	90
Sentubery Marie	41
Sentubery Marie-Louise	116
Servient François	68
Sestia Jean	84, 98
Sestia Jean	26
Sestia Jean époux Abbadie	80
Sestia Jean Pierre époux Poey	80
Sestia Jeanne Marie	97
Sestia Pierre	148
Sestiaa Bernard	79
Sestiaa Jacques	148
Sestiaa Jean	26
Sestiaa Jean	40
Sestiaa Jean (1787-1849),	93
Sestiaa Jean époux Barthes	79
Sestiaa Jean époux Mesplet	79
Sestiaa Jean Paul (1802-1874	93
Sestiaa Jean Pierre (1780-1855)	93
Sestiaa Laurent	79
Sestiaa Pierre (1783-1844)	93
Sestiaa Pierre époux Pardilhon	79
Sestian Arnaud	27, 51
Sestian Arnaud	29
Sestian Arnaud (1635-1681) dit Berne	22
Sestian Arnauld	11
Sestian Bernard	11
Sestian Bernard	22
Sestian Bernard	23
Sestian Bernard (1646-1691) dit Camus	22
Sestian Coutillou Guilhem	24
Sestian Coutillou Jean	24
Sestian Coutillou Jean (1636-1726)	22
Sestian Guilhaume	11
Sestian Guilhaume (1642-1726) dit Bernis	22
Sestian Guilhaume époux Darric	79
Sestian Guilhem	11
Sestian Guilhem (1638-1713)	22
Sestian Jean	49, 84, 98
Sestian Jean	22
Sestian Jean	27
Sestian Jean	80
Sestian Jean Bordenave	27
Sestian Jean dit Gouailly	26
Sestian Jean époux Anglade	79
Sestian Jean époux Gouailles	79
Sestian Jeanne dit Peyrou	21
Sestian Joseph	27
Sestian Pierre	22
Sestian Pierre	22
Sestian Pierre et Jean	41
Sestian Pierre Jean	11, 16
Sestian Pierre Jean	22
Sestian Pierre Jean	27
Sestian Pierre Jean	40
Sestian Pierre Jean Dauveille	22

Sestian Pierre Jean dit Dauveille 26, 49
Sestian Pierre Jean époux Pehourtic 79
Sestiant (avec un t final) Anne (1748-1808) 80
Sestias 15

Sestias Condorine 15
Setze Dominiquette 96, 146
Sextia 51
St Pierre Jean-Baptiste Philibert 73
St Ubery Anne 52
St Upery Anne 52